天下文化

BELIEVE IN READING

什麼才是
人生最值得的事

洪蘭 —— 著

目錄

關於生活

關於親子

關於思辨

關於素養

自序

寧可做了後悔，不要後悔沒做

小時候寫作文時常寫到「光陰似箭，日月如梭」，但是心中對光陰其實沒有感覺，尤其那時連「梭」是什麼都不知道，只知道寫上這句話，作文至少會有「乙」。匆匆過了一甲子，現在知道它的意思了，但是卻感覺這句話還不夠真實，因為箭和梭是看得見的實體，而光陰從指縫中流失卻是無聲無息，完全沒有痕跡便不見了。

我父親曾提醒我們要愛惜光陰，他說人即使活到一百歲，也不過才一千二百個月而已，叫我們想想自己已經過掉多少個月，還剩多少個月可以用？當他把光陰變成可以看得見的日曆時，我們就悚然而驚了。因為我們都有撕日曆的經驗，厚厚一本日曆掛在牆上，轉眼就剩背後的紙板了。

曾有人問我，講話快、走路快，是天生的嗎？現在想想，應該是後天的，因為感到自己去日無多，想把握時間多做一點事，才會盡量想快。我也不喜歡不守時的人，因為等待的時間本來可以拿來做有益的事。因此，當編輯把這本書定名為《什麼才是人生最值得的事》時，我直覺地感到題目很好。

的確，什麼才是人生最重要的事呢？這個答案依時代背景、人生觀、生活環境而有所不同。在台灣貧窮的年代，很多人一生最重要的事，便是把孩子拉拔長大。孩子就是希望，長大就可以分擔農事、家事、國事、天下事，所以多子多孫多福。

後來台灣富裕一點了，父母就希望孩子學業好，上大學，光耀門楣，而且功課好，才能考上好學校，才能進好公司，才能住進好的養老院。在我念大學的五十年代，很多父母覺得人生最重要的事便是把孩子送到美國去留學，在那邊賺美金。我們也不負父母所望，在美國成家立業，寄美金回來孝養父母。但是慢慢時代變了，台灣錢淹腳目，大家不再稀罕美金了，這時人生最重要的，便是如何活得有品味、有意義、有尊嚴，所謂衣食足而知榮辱。

遺憾的是，經濟繁榮、社會富足後，人類的劣根性也逐漸浮現，社會變得笑貧不笑娼，很多人的眼裡只看得見權勢、貪腐帶來的享受，而看不見公平、正義的社會理想，更不要說隨處可見的是非不分、指鹿為馬了。

回想一九九二年，我剛回台灣，坐自強號去嘉義中正大學報到時，看到稻田裡不時冒出大大的看板，上面畫著身著越南傳統服裝的女生，旁邊還寫著新娘名字和手機號碼，讓我大為驚訝。等到我住進民雄鄉下後，才發現原來這是一門大生意，後來為了做老人的記憶實驗，走訪農村時，看到更多對外配不公平的對待。才發現，在台灣表面的繁榮底下，仍然藏著很多黑暗面。

我看到外配的孩子在學校受歧視，過得很辛苦，但是城裡的孩子過得也不輕鬆，因為要補習。當我所教的大學生（他們應該算是人生勝利組了）只想著畢業後賺大錢，卻對知識的追求沒興趣，對人生也不抱希望——我知道這個社會病了。

當我到台北的陽明大學教書後，一直有人來找我為他們的右腦開發班、腦力開發班背書。我深感知識不夠，就不能做批判性的思考；不能判斷是非，自然就無法去改正它；不能改正，也就不會有創新。也就是說，知識、批判性思考和創新其實是有連帶關係的，而台灣要跟得上國際潮流，創新是不可避免的。因此，當《天下》雜誌的殷發行人來邀我寫專欄時，我一方面忐忑不安，擔心自己非中文系畢業，文字不夠好，一方面又很高興有機會把所知所學用出去。

當時，我父親還在，他說，寧可做了後悔，不要後悔沒做。我就大膽接了專欄的工作，從一九九九年一路寫到二〇一九年，這二十年來，每個月寫十篇專欄。寫專欄比寫作文難，因為沒有題目，無法「借題發揮」，我常在家中走來走去，不知寫什麼題目好，但是秉承父訓，我一定做到準時交稿，再怎麼生病都會爬起來寫，二十年來沒有落過一篇。父親若還在，應該會覺得欣慰，因為父親辦《刑事法雜誌》時，常碰到邀稿不能準時進來，自己要跳下去寫稿的事。每次他都會告誡我們，答應別人的事，哪怕不睡覺，也一定要做到。

這本書是專欄集結的第三十二本，謹以此書獻給我的父母親，感謝他們當年不顧祖母強烈的反對，讓我上了學，念了書。

二〇二〇年一月於台北

關於生活

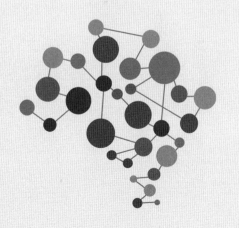

人生沒有白走的路

在街上碰到一位朋友，發現她憔悴到差點認不出來。問她發生了什麼事，她說先生無預警失業，她一個人要扛房貸和孩子才藝班的學費，生活過得很辛苦。她問我：「孩子的興趣什麼時候才會出現？」為了找到孩子的興趣，她已經花了很多錢，現在想停掉，又怕前功盡棄，所以很矛盾。我告訴她：「興趣只是個驅力，時機到了，孩子自己會告訴你。」

人的興趣一直會改變，不要說小的時候，一下想學這個，一下想學那個，即使進了大學，興趣還是會再變。股神巴菲特（Warren Buffett）之子——彼得，就是幾經轉折才走上音樂之路，他曾經四次中輟，父親為了讓他去尋找興趣，付了很多不必要的學費。他在洛杉磯跟他父親一起同台時，老巴菲特開玩笑說，他那天是來驗收鋼琴學費的「投資成果」。彼得說他心中一直有個聲音纏繞著他，使他吃不下，睡不著，徬徨很久，最後找到音樂，知道這就是他的所愛，多年後，拿到艾美獎最佳音樂獎。

他的朋友更是厲害，幾乎每學期都在轉系：大一念的是機械工程，後來覺得工程太呆板，就轉去念抽象的物理，念了物理後，又發現他最愛的其實是物理的有秩序模式，就轉修數學；數學吸引了他兩學期，又覺得數學只空談模式，缺乏動手做的實際感，所以轉去念藝術，藝術仍不能滿足他，同時也不知自己是否真的有藝術天分，所以又轉去念建築。建築既是藝術又是科學，建築的設計要用到物理和數學的知識，建築的藍圖繪製使他的藝術訓練可以派上用場，照講是很理想的了，但是他又發現很少人肯花大錢實現建築師的理想，反而要去聽雇主的意見，他覺得很挫折又再轉系。在念建築時，他發現自己對各種建材所表現出來的美感很有興趣，所以轉去念材料科學。兜了一大圈，結果又回到了工程。但是，人生沒有白走的路，這一圈的經驗使他變成獨一無二的都市計畫家，知道建築物的美感、建材的選取，都會影響在裡面生活的人的心情，因此開始做綠建築，現在過得很快樂。

英諺：「遊蕩的人未必都是迷路的人」（Not all who wander are lost.），人生的路，只要好好走，沒有白走的。我以前一直很遺憾大學念的不是自己想念的科系，浪費了四年好時光。後來我和先生一起看丹．布朗的《達文西密碼》，我發現這本小說有很多漏洞，美術館長雖然胃部中槍，但他的頭腦是清楚的（因為還可以寫密碼），他應該先打電話叫救護車，而不是先去藏保險箱鑰匙、把衣服脫下來疊好、在肚子上寫密碼，最後躺成「大」字形而死，這不是一個瀕死之人的行為。我一看就覺得不合理，但我先生卻毫不察覺，看得津津有味。那一天，我很高興，四年的法律訓練沒有白費，人生真的沒有白走的路，用心走過，自有收穫。

改變情緒，愈活愈快樂

內政部日前公布了台灣地區的生命表，現在國人平均的壽命為八十歲，是前所未有的長，其中男性平均七七．三歲，女性八三．七歲，百歲老人比比皆是。五十年前，我父親做同安同鄉會理事長時，重陽節敬老會打金牌送給七十歲以上的耆老，現在父親若還在，他送不起了，因為放眼過去，我認得的人幾乎都七十歲以上，包括我自己在內。

國民壽命長表示社會文明化，至少醫療是進步的。但是這份報告中，有另一個訊息卻使我們警惕，即台灣的自殺率很高，是十大死因的中段，居全球自殺率的高段，其中一半以上的憂鬱症患者是以自殺結束生命。

憂鬱症是個非常耗費社會成本的慢性疾病，跟阿茲海默症的社會成本不相上下。其實，憂鬱症的基因關係只有四五％，即同卵雙胞胎，一個有憂鬱症，另一個也有的機率是四五%，另外五五%操控在自己手上。現在神經科學的研究已經發現，大腦中情緒迴路的活化是可以用意志去控制的，人的情緒是控制在自己的手上。

美國威斯康辛大學麥迪遜校區的戴維森（Richard Davidson）教授做了很多大腦與情緒的實驗，寫了一本《情緒大腦的祕密檔案》（*The Emotional Life of Your Brain*，遠流出版，因為譯者不拿版稅，所以我可以推薦）。他的實驗讓我們看到人雖然有七情六欲，但是可以靠著閱讀去提升自己的修養，使不和動物一樣受到本能的驅使。

他讓修行打坐超過一萬小時的高僧聽砲彈的呼嘯聲、婦女的尖叫聲、兒童的哭泣聲時，發現他們的聽覺皮質活化了，表示有聽到，但是他們的前額葉皮質和掌管情緒的邊緣系統（limbic system）都沒有活化，表示聽到了，但是不為所動，他們可以把情緒放在一邊不去處理它，不因外力而干擾自己的心境。

這個「放下」很重要，聰明人知道何時出手，有智慧的人才知道何時放下。二十世紀的默片大師卓別林曾經講過一句話，「一個笑話講了三遍便沒有人笑了，為什麼一個不愉快的事要在心中講三十遍？」其實哪裡是三十遍，是三百遍、三千遍、三萬遍。是人使自己過不去，不是別人。因此，對治憂鬱症目前有二個方法，但必須雙管齊下才會奏效：一是運動，二是感恩。

運動時大腦會產生多巴胺（dopamine）和血清張素（serotonin），兩者都跟正向情緒有關，抗憂鬱症的藥如百憂解（Prozac）就是阻擋大腦中血清張素的回收，血清張素多時，人的心情會好；感恩需要學，醫生要求憂鬱症的病人在臨睡前，寫下三件因別人的幫忙使自己今天更順利的例子。一開始時，病人都說沒有，完全想不起任何人有幫助過他、對他好過。但是經過不斷的提醒和練習之後，他慢慢會感到「一日所需，百工為之」，的確很多人對他是好的。開始感恩後，不會一直覺得別人欠他，心情慢慢就會好起來。

人的心情由自己控制，這是因為大腦情緒神經元的活化是自主的，神經迴路會因為長期大量使用而連接得很緊密、臨界點很低，以致一點點相關的刺激便會活化起來。人的情緒控制是可以教，不過要及早教，最佳時期是出生後六個月到兩歲左右，在實驗上看到，三歲以後，大腦的敏感度逐漸下降，到五歲左右趨平到達底線，所以《顏氏家訓》說：「教婦初來，教兒嬰孩，識人顏色，知人喜怒。」情緒的控制愈早訓練愈好，識字後就要多看好書來修養品性，使泰山崩於前而不改顏色。

情緒可以改變，因為大腦可以改變，我們的情緒維持幾秒，心情維持一天，性情終身打造，所以可以從情緒著手，改變心情，最後穩定成性情。

人當然希望活得長，但也要活得快樂才值得。

想做出好決定？多看看祖先智慧

一個學生後悔做了不對的選擇，很沮喪地來問我：人是怎麼做決定的？如何可以避免錯誤的決定？

人每天不停的在做決定，齊克果說：「不做決定就是決定，不做選擇，就是選擇。」對既成的事實不要去後悔，因為悔恨對健康有害。

其實，人很少依照邏輯來思考，多半是用簡單的法則和過去的經驗，馬克吐溫說，一般人缺乏獨立思考的能力，人並不想去思考來形成自己的意見，看鄰居怎麼做，便跟從。也有人說，人類用故事思考，不用事實和數據，人是認知吝嗇者（cognitive miser）。

這是因為大腦資源不夠，它只有體重的二％，卻用掉身體二〇％的能源。為節省能量，人便依賴直覺和範例，人習慣從環境中辨識出模式，然後利用這些模式來預測未來。但是，當資訊大量湧出時，捉襟見肘的大腦便只好依賴團隊合作，以免人謀不臧而誤事。

在團隊的時代，最有用的人是那些懂得和別人相處之人，因為在人的社會中，做人比做事難。有人一生不得志，就是不懂得「世事洞明皆學問，人情練達即文章」。

但是人情世故很難學，幸好太陽底下沒有新鮮事，已有之事必將再有，已行之事必將再行，人可以從前人的智慧中得到自己的經驗，比如說，有位教官深受學生的愛戴，記者訪問他時，他說帶學生要先淡後濃，先嚴後寬。這個道理就是《菜根譚》的「恩宜自淡而濃，先濃後淡者，人忘其惠；威宜自嚴而寬，先寬後嚴者，人怨其酷」，前人的智慧可以節省自己摸索的時間。

同時，因為人性不會變，「十語九中，未必稱奇，一語不中，則愆尤駢集；十謀九成，未必歸功，一謀不成，則訾議叢興」，人都是寬以待己，嚴以責人，所以遇到委屈時，不要怨恨，要了解這是人性，人生本來就不能盡如己意。這些智慧幫助我們調整在團隊工作時的心態，也幫助我們做出睿智的決定。

富蘭克林說：「經驗是一所寶貴的學校，可惜愚蠢的人只有從這裡才學得到東西。」人類是所有動物中，唯一可以享受祖先智慧的動物，聰明的人用閱讀，愚蠢的人靠經驗。我們若不懂得利用祖先的智慧就太可惜了，講起來，現在學校刪減教古文的時數其實是不智的！

不景氣，如何做到不降價又賣更好？

最近《天下》雜誌有篇頗有啟發性的逆向報導。

在經濟不景氣的時候，商家通常會用降價的方式來吸引顧客上門，但是日本有一家超市卻是反其道而行。它的價格比別人貴，生意卻比別人好，客人還趨之若鶩。這是為什麼呢？

原來祕訣在「獨特性」這三個字上。它專賣別人沒有、別的地方買不到的東西。它不是用價格來吸引人，而是靠品質和服務，因為這兩者是別人無法殺價、操之在己的東西。

這使我想起五十年代的一本好書《船場》：二次大戰後在染坊當學徒的清太郎看到放高利貸的老人，每晚坐在小火爐前，把髒舊的鈔票在火上熨平。他問：「鈔票不會因為平整而增值，您為什麼要花這工夫？」老人反問：「你喜歡整齊的，還是破爛的鈔票？當經濟蕭條，貨幣不在市面流通時，它並沒有消失，而是深藏在人們的口袋裡，只有懂得投其所好的船場商人，才能夠把人們口袋中的錢挖出來。」

是的，做生意就是賣顧客想要的東西。愈是不景氣，愈要逆向思考。不景氣，衣服可以不買，飯卻不可以不吃。這家店專攻有錢人對「吃」的需求——錢買不到健康，錢卻可以買到健康的食物。它自己製作昂貴的高檔食物，但就像買了架上最後一罐不加砂糖果醬的女士說的：「價格雖然貴，但健康是無價的，所以還是很划算。」東西只要好，不怕貴，反而愈貴愈有人氣，就像早期大陸很多人拿著星巴克的空紙杯逛街，它變成品味和身分的表徵。

很多餐廳在生意不好時，會減少份量，把不新鮮的食材推給客人吃，這是錯誤的。因為愈是這樣，客人愈不上門，就愈快關門。若是肯捨舊食材，用最新鮮的材料給客人，並加大份量，顧客的口碑最有效，只要好吃，老饕再遠都來，客人一多，就不會有囤積的食材，食材愈新鮮，客人就愈多，成為良性循環。所以逆向思考是不景氣時，做生意之道。

台灣現在許多行業都碰到瓶頸，包括大學在內。人喜歡跟別人一樣，因為「從眾」最安全，但是從眾，就沒有獨特性，會淹沒在人潮中。在二十一世紀，走出自己的路是生存唯一的方式。佛經說有捨才有得，先肯捨，才會看到新前途。

「先苦後甘」還是「先甘後苦」？

哈佛大學有位心理學教授在課堂上問學生：假設有一天，你乘坐時光機器來到一個新世界，在那裡，你只能活到七十歲，但是有兩種活法：第一種，前面六十年快樂，後面的十年痛苦；第二種，前面六十年痛苦，後面的十年快樂，你會選擇哪一種？

這是很有哲學意味的問題，人生要先甘後苦，還是先苦後樂？大部分學生從數學比例來思考，會選第一種，人生當然愈快樂愈好，第一種至少先快樂六十年。

但是他們不了解人不是機器，幸福感不能用數字來看，雖然快樂和受苦時間長度相等，但人心的感覺會不相等。從快樂落入痛苦，尤其知道不能再快樂了，那是絕望，一分鐘都難挨；而從痛苦進入快樂，那是希望，每一天都盼望太陽早早升起，好苦盡甘來。這兩種心情不是數學等號可以表達的。

紀曉嵐在《閱微草堂筆記》說：「人生苦樂，皆無盡境；人心憂喜，亦無定程。曾經極樂之境，稍不適則覺苦；曾經極苦之境，稍得寬則覺樂矣。」他因洩密，從天子腳下被貶到新疆，一路上餐風露宿，走了三個月才到伊犁。來到衙門時一看，殘破不堪，更糟的是，眠床只有三隻腳站不穩；當地天熱，蚊蠅一堆，而床上沒有蚊帳，實不堪睡。但因舟車勞頓，他歪在床上休息，一下就睡著了。結果他做了惡夢，夢到大海中有蛟龍興風作浪要吃他，船翻了，他拚命游泳逃命，好不容易游到岸上，正待喘息，猛虎又出現。他大驚醒過來，發現自己原來是在衙門的床上，這時溽暑的熱、蚊蠅的擾，都不在意了。所以人的情緒是個主觀的經驗，透過比較而得。

二〇〇二年諾貝爾經濟獎得主，心理學家康納曼（D. Kahneman）認為，「人類很少以絕對條件來選擇事物，除非有東西可以比較，不然大部分人不知道自己要什麼。」所以，希臘的哲學家伊比鳩魯（Epicurus）在二千多年前就說了：「帶來痛苦的不是事件本身，而是我們對事件的看法。」一樣是六十年，懷著希望過日子，跟每天恐懼不幸的來臨，感覺是完全不同的。

司馬光在〈訓儉示康〉說：「由儉入奢易，由奢入儉難。」人生還是趁年輕時辛苦一些，年老時才有福可享。

還有，人在享福時，要記得積福，才會福壽綿延。

同桌共食分享生活，好處多多

餐桌是一個最適合和孩子溝通的地方，因為食物本身會帶給人愉悅的感覺，心情愉快，溝通才會良好，尤其是碳水化合物會透過血腦屏障進入大腦，變成血清張素的前身，抗憂鬱症的百憂解，就是阻擋大腦中血清張素的回收，使它充斥在神經元之間的突觸中，當大腦中血清張素多時，人的心情會好（它與情緒、記憶、睡眠和動機有直接的關係）。所以，人吃飽了心情會好，吃到好東西心情更好，許多商人都愛在酒家中談生意，一旦酒酣耳熱了，什麼事都好談。

再者，吃飯是一家人團聚的時候，研究者發現，爸爸只要每週回家吃晚飯一次，就能增加孩子的詞彙，使他在四年級時，語言能力表現好。因為孩子語言的學習是個內隱的學習，即沒有人教，透過環境裡重複出現的刺激，孩子會從錯誤中學習，然後自我修正（這其實就是ＡＩ的學習方式），因此，父親回家吃飯時，大人在餐桌上講的話就用到較多孩子平日不會接觸到的詞彙及較正式的文法（平日母親跟寶寶講話多用簡單的文法和複合詞，如來吃飯飯、去睡覺覺），父親在餐桌上也會問及孩子的生活，讓孩子回答，其實這正是訓練孩子的表達能力。

哈佛大學的教授凱瑟琳．史諾（Catherine Snow）的研究發現，說故事是一種心智訓練，五歲時會說故事的孩子，四年級時學業表現較好，因為說故事用到的組織能力、詞彙、想像力和前後的連貫性，這些都是語文能力的指標，說故事的人不但要把故事內容忠實的傳遞出去（記憶力），還要解釋故事內容，誰是好人、誰是壞人，以及自己生活的經驗等等，所以跟孩子說話好處多多，平日若沒有機會，吃飯時是一個好機會。

語言的學習需要互動，透過互動，孩子感受到父母對他的關愛。一九五六年，哈洛（H. Harlow）透過猴子的實驗，發現孩子最需要的就是安全感。每天吃飯時能看到父母親，給予了孩子精神和物質（食物）上的安全感，有快樂安全的童年很重要。

瑞典的國寶林格倫（Astrid Lindgren）說，快樂的童年是她一生生命力的泉源，支持她走過未婚生子的幽谷，從失敗中站起來。台灣曾經有過「爸爸回家吃晚飯」的運動，後來不了了之，其實，家庭是社會最重要的支柱，爸爸回家吃晚飯，全家一起享受一天辛勞的結果是個愉快的享受，也會是孩子安全感的來源，以及將來受到挫折時的精神支柱。

探索工作的意義

開學了，校園裡又恢復了生氣。有個一畢業就找到工作的幸運者，意外的回到學校來找我，她一走進辦公室，坐下來就放聲大哭，原來這三個月每天被老闆罵，她覺得很委屈。她問，人如何在職場快樂工作？

是的，理想和現實有很大差距，在學校，學生是寶，說是「天之驕子」實不為過，連進攻立法院都沒罪，說一聲我是學生，警察禮讓三分。但是出了社會，誰理你呢？要賺薪水就得聽令行事，「做工不由東，累死也無功」，這些被寵慣的孩子做起事來，眼高手低，被罵是常態，難怪看到老師要大哭了。

職場要快樂須有三個條件：專業、敬業、樂業，這三個次序不能顛倒：你一定要先有專業，能夠應付工作上的要求才會快樂；然後，你還得看到你工作的意義才會快樂。

有人說「做你喜歡做的事」（do what you like），是人生最快樂的事。但是多年來，我們看到的並非如此，「喜歡你所做的事」（like what you do），快樂才能持久。實驗發現，人的思想和行為會改變大腦，金錢的滿足感很快會飽和，生活溫飽之後，自尊、榮譽和善行會帶來更大的快樂。

有一個實驗是請大學生把電腦螢幕上左邊的圓形用滑鼠移到右邊的正方形上，愈快愈好，報酬是五元美金，結果大學生在五分鐘內做了一五九個。第二組也是做同樣的事，但報酬只有五毛美金，結果五分鐘內做了一〇一個，第三組是沒有報酬，但是每做一次，實驗者會捐一毛錢給慈善團體，結果五分鐘之內做了一六八個，可見工作的意義比金錢更有效。

人生的目的在找到自己存在的價值，所以現在很多企業每年都辦員工避靜（retreat），重複教育公司的理念和宗旨，因為只有心中認同，工作才會賣力。

我勸這個學生先從每天工作的內容中，找到工作的意義，先不要管工作的卑賤，只要是服務人群都有意義。

一九六九年我去美國讀書時，紐約市有一位下水道的巡察員退休，當時的市長林賽（John Lindsay）和州長洛克菲勒（Nelson Rockefeller）親自來主持這個退休晚會，令我們這些東方來的學生很驚奇。原來這個人很敬業，三十四年來沒有請過一天假，連聖誕節都一樣去巡下水道。記者問他下水道這麼臭，他怎麼堅持得下去？他答說曼哈頓的電線、電纜、地鐵一切都在地下，只要一台抽水機短路，海水淹進來，其他的抽水機就會短路，一停電，這個城市就停擺了。因為他肩上負有紐約幾百萬市民的禍福，所以不敢懈怠。他說，他在看到工作的意義後，就不覺得臭了。

人生不可能沒有壓力，沒有壓力的人生是個沒有意義的人生。人生也不可能盡如己意。其實拿到什麼牌都沒有關係，重點是怎麼去打這付牌。一個人若能把一副爛牌打到滿貫，這才是高手。快樂是自己去找的，改變態度就能改變生命。

好習慣有多威？幫你省一萬小時

我去聽一個演講，時間到了，卻沒有開始。我有點驚訝，台灣自從有了高鐵之後，守時多了，因為高鐵逾時不候，嗚笛就關門，人們受過教訓後，對時間的掌握就敏感多了。這時，主持人上台道歉，演講者沒有趕上高鐵，所以會延遲開始。大家一聽都掏出手機來滑了。我想到七十歲的朋友半夜起來上廁所都要看一下手機，不禁啞然失笑。賈伯斯在短短的十年間，徹底革命了我們的生活。

手機滑完，演講者還未到，會場出現嗡嗡的交談聲，我旁邊的人問他隔壁的：你怎麼會來聽這場演講？對方嘆了一口氣：我每天瞎忙，所以想來聽某某人（即演講者）怎麼利用他的時間，你知道，他是我大學同學。

時間的分配是個藝術，也是個習慣，它可以教，但要從小教，老子《道德經》：「知人者智，自知者明。」孩子還沒有到自知的階段，需要父母來教，只要持之以恆，大腦神經細胞連接成了迴路，習慣就養成了。懂得分配時間後，零星的時間就可以派上用場，積少就成多了。

多年前我懷孕時，很擔心事業家庭不能兼顧，一位護士對我說：每天做不緊急也不重要的事，你是迷茫；每天做緊急但不重要的事，你是無事忙；每天做緊急又重要的事，你是經理；每天做重要但不緊急的事，你是媽媽。她微笑說，只要去做重要的事就好了。

光陰如白駒之過隙，但是只要不讓它空過就沒有關係。史丹佛大學有位教授把人一生花在吃飯、睡覺上的時間做了一個表，結果發現人一生花十五個月的時間在找東西。如果有好習慣，東西用完放回原位，就不需要找。愛因斯坦說：「人的差異產生於業餘時間，業餘時間能成就一個人，也能毀滅一個人。」別人找東西時，你在看書，你就比別人多了知識。

因為大腦從一個主題切換到另一個主題至少需要半秒，所以一心多用是錯的。美國鋼鐵大王卡內基（Andrew Carnegie）不贊成把雞蛋放在不同的籃子裡，他說，智者把他的精力、思想和本金都放在一個籃子裡，因為他的眼睛只能盯著一個籃子看。

人一生若能專心做一件事，哪怕每天只多做一點點，最後也會成功，因為一．〇一的三六五次方是三七．八，時間在自己的手上。

無心栽的柳，也能成蔭

最近大學學測成績出爐，好幾個朋友晚飯後，都帶孩子來找我，要我替孩子做生涯規劃。我其實不認為生涯可以規劃，人必須在機會來時，抓住它。該抓而不抓住，錯過了，以後機會就不再，命運不會給你第二次機會。

一九八四年，我在台灣擔任客座教授時，碰到一個學生，他要念醫學系，但是聯考三次都落在心理系。當第三次放榜又落到心理系時，他不得不來念，因為再不念就得去當兵了。他心不甘情不願，不肯好好的念，每天打混過日子。我勸他騎驢找馬，不要虛度光陰，好好念，去考學士後醫學系還是有機會做醫生的。他不聽，白白浪費了七年（三年重考，四年心理系）的寶貴時光，現在不知所終。

另一個學生則是本來沒有想要念醫，卻在念神經心理學時，接觸到很多失語症的病例，激起了他對大腦的好奇心，便決定去報考學士後醫學系，現在已經是醫生了。

在我父親那個時代，社會講究忠誠，人一生只跟一個老闆；到我的時代，社會多元化了，很多人會換職業，教授也會換領域；現在當然更不一樣了，現代人差不多每五年便會換一個工作，一旦覺得學不到新的東西了，便會去找更符合自己興趣的領域。政客常說「有夢最美」，叫年輕人去追夢。其實有能力才是最實際的，目前許多學生眼高手低，不甘願念目前的科系，又考不上心中想念的，反而蹉跎掉一生。

人要有彈性，要懂得把握機會，天予不取，反受其咎，只要有能力，很多意想不到的機會自己會找上門，常常無心栽的柳反而造就了自己一生。

物以類聚，不要小看朋友的影響

我小時候，父親常常告誡我們，交友要謹慎，因為人會受到朋友的影響。父親說，他辦的案子中，很多人是受到朋友的慫恿而去做壞事，或受朋友牽連而家破人亡。叫我們要記住不能為他人作保，因為保這個字就是「呆人」，人不能為別人的行為負責，只能負責自己的行為，因為那是操之在己。

父親當年並不知道人的大腦中有鏡像神經元（mirror neurons），會使我們不由自主的去模仿身邊的人，但是從《論語》中，我們發現孔子也認為朋友重要，要交「友直、友諒、友多聞」的人。最近我有一個朋友從北京來，告訴我另一個對於朋友的解釋。

他說當我們初見一個人，對他不了解時，我們會從他身邊的朋友來判定這個人值不值得交。因為「物以類聚」，正確率通常八九不離十，也就是說，別人會從你朋友身上看出你的價值。

我聽了覺得很有趣，在職場上，我們的確會從一個人的配偶來判斷這個人的能力，例如一個老先生旁邊有個很年輕的太太，我們會很自然的認為這個老人可能是個有權有勢或是有錢的人，因為沒有一個年輕的女孩會去嫁老人，除非他背後有一些隱性的東西。所以朋友開玩笑說，他每次出門都要找如花似玉的女人相陪，這會抬高他的身價。

我希望他只是開玩笑，卻不得不承認孔子十分了解人性，因為這的確是古今中外人們的想法。在了解大腦有不由自主模仿別人的神經機制後，我們更要小心交朋友，因為它會牽連到別人對我們的看法。「無友不如己者」聽起來好像很勢利眼，它卻是生活的常態，奈何！

剪報帶來樂趣與智慧

我有剪報紙的習慣，把喜歡的文章剪下來，閒暇時，拿出來看，重新享受閱讀好文章的樂趣。

前幾天，整理房子，掉出一本二〇〇二年的剪貼簿，看到一段文章：「紅檜的種子只有〇．七五克，卻能長到五〇公尺高的巍峨身軀，植物雖然不能動，卻能巧妙的把種子散到遠方，使不與母體競爭營養。」其實大自然非常巧妙，有研究發現森林大火是大自然的世代交替，好像民主政治的輪流執政，因為有些植物的種子必須經過大火烤過才會發芽，當原來的植物被燒盡，所留出的空間就是那些種子的天下了，想到現在的孩子長大了，卻不肯離開家去奮鬥打天下，要做啃老族，真是一方面佩服植物的智慧，一方面也感慨人不如樹。

又如看到另一則：「閒暇是文化的基礎，工作是手段，閒暇是目的。」這使我想起馬雲最近的一場演說。他說他並不希望死在辦公室，人生的目的是享受，工作只是手段。兩者頗有異曲同工之妙。

中國人一向是鼓勵勤勞——天道酬勤，勤能補拙，勤儉成家……，但是閒暇也很重要，《管子．牧民篇》說：「倉廩實則知禮節；衣食足則知榮辱。」人只有在有閒的時候，才會有創意出來，每天為衣食奔波的人，是不容易有好創意的。

從這些剪貼中，我看到很多值得警惕的句子：「學校是學習的沃土，不要成為創意的劊子手。」「先天只能透過後天來運作，基因不能使你比較聰明，只能使你比較喜歡學習。」重新閱讀二十年前的剪報是一件愉快的事，有興趣者不妨一試。

物質缺乏不是問題，心態才是

有一天，公車經過台大醫院時，有一位滿臉疲憊的中年婦女上了車，她累到眼睛幾乎都張不開，我就想站起來讓她坐，我知道很多職業婦女都是工作、家務蠟燭兩頭燒的人，尤其她從台大醫院上車，應該是家裡有病人，才會如此疲倦。當我正要喊她時，突然發現她襯衫的釦子扣錯了，左邊比右邊長了一點，猜想她應該是急忙更衣去辦事，沒有注意到釦子扣錯了行，我就不敢喊她，怕引起別人注意。這種小事常發生，但可以避免，只要改成從下扣到上，就不會失誤。

小時候我家孩子多，母親無暇一一為我們穿衣，她就教我們先把衣服下擺對齊抓住，從最後一個釦子往上扣，扣的時候一隻手摸釦子，另一隻手摸釦洞，這樣就不會錯了。雖然這是雕蟲小技，但家裡有六個小孩，早上趕著要上學，兵荒馬亂的時候，每個孩子省下五分鐘，母親就可以省下半個小時去做其他的事，或坐下來歇一口氣。

為母親節省一點時間很重要，因為我小時候台灣很窮，沒有洗衣機、烘乾機、煤氣爐，連冰箱都沒有，家庭主婦需要每天去買菜，因為台灣天氣悶熱，隔夜飯菜會餿掉。所以當時每一個母親都很偉大，雙手萬能的撐起一個家，職業婦女更是每個人恨不得有三頭六臂來做事。我們每天帶的便當，都是母親早上五點鐘起來煮新鮮飯菜給我們吃的，所以我很少出現拉肚子、跑廁所的狀況。

早期台灣的資源回收做得很徹底，基本上，沒有任何浪費的東西，只要能用的一定是一用再用，連那些不能用的，也會想出方法來用它，所以雖然物質缺乏，我們在長大的過程中，卻從不覺得少了什麼，因為凡是要用的，總是可以找到替代品。現在回想起來，反而覺得那種生活很有趣，比現在動不動拿錢去買有意義多了。

比如說，紙很貴，家裡沒有計算紙，我們就把信封拆開來，用反面空白的地方來做計算。沒錢買毛筆和毛邊紙，我母親就學歐陽修的母親，古人用沙，我們用爐灰，一樣好用。當時家家戶戶都是燒煤球或木柴，不花錢的灰灶裡多的是。母親把爐灰平均鋪在廚房地上，我們就蹲在地上，用手指頭在灰上練習寫字，寫完用掃帚抹平了，又可以再寫了。我們就用這種方式學會了寫字，也練會了顏真卿的字體。

所以物質缺乏不是問題，心態才是問題。在每天得動腦筋找替代品才能過日子的時代，我們大腦變得比較靈活，懂得變通，會睜大眼睛去找資源。我燒菜時，從來不曾因為少某個材料就沒辦法做：沒有醬油，鹽可以替代；沒有蔥，薑可以替代；沒有冬瓜，黃瓜可以替代。我們這一代赤手空拳在海外打了一個天下出來，這跟從小學會沒有做不到的事，只要動腦筋，方法就會出來的心態有關。孟子說「生於憂患，死於安樂」，從「窮則變，變則通」的生活小事看起來，還真有點道理呢！

保持運動習慣，死神才找不到你

在舊金山機場候機時，看到書店中有一本書英文直譯叫做《失去心智的神經科學家》（*The Neuroscientist who lost her mind*，中譯本書名為《我決定好好活到死：一位腦科學家對抗腦病變的奇蹟之旅》，究竟出版），不禁有點好奇，是「郎中不自醫」嗎？自己是念神經的，怎麼會弄到失去心智還不知道？就買了一本來在飛機上看。

原來作者麗普斯卡（Barbara K. Lipska）是美國國家心理衛生研究院（National Institute of Mental Health, NIMH）中，專門蒐集吸毒和精神疾病患者大腦的組長（這是個冷部門，卻很有研究價值，有些地方把這叫大腦銀行，加拿大就有一個蒐集自殺者大腦的銀行，從這些自殺者大腦的解剖我們才發現童年的受虐竟是如此的可怕，會改變大腦結構，使他們走不出陰影，最後去自殺）。她先是發現得了乳癌，立刻把左乳切除，接受化療。但不久又發現擴散成黑色素癌，她又接受放射線治療。有一天她要出門去開會，突然發現一隻眼睛看不見，原來癌細胞蔓延到大腦的視覺皮質了。她持續開刀和接受放射線治療，但腫瘤像雨後春筍般，不停冒出。後來，同事和家人發現她人格改變，行為很像罹患失智症的患者，才知道癌細胞入侵大腦的前額葉皮質，使她外表未變，但是說話、行為變了一個人，她在這段期間的種種不合理行為，使我們對精神疾病患者有更多的理解和同情。

她的情況惡劣到大腦中同時有大大小小十八個瘤，而且殺掉一個長出二個，但是她後來竟然活了下來，還把這過程寫成書，她的生命力強到令人感動。我一口氣把這本書看完是想知道，為什麼她可以活下來？如此旺盛的求生意志是怎麼來的？

原來她以前是鐵人三項的選手，性格（不放棄）和毅力（再痛也要復健）成就了她。她身體儲備了以前大量運動時的本錢，好像現在流行的認知儲備，年輕時多用腦，年老時不會退化得那麼快。運動的好處是人在運動時，大腦分泌多巴胺、血清張素、正腎上腺素和大腦自己產生的神經滋養因子（Brain Derived Neurotrophic Factor, BDNF），這個ＢＤＮＦ很重要，它會使神經長出新的連接，並增強神經纖維上，電流訊號傳送的強度（所以運動員的反應都比一般人快），它還可以啟動基因，製造出更多的ＢＤＮＦ，血清張素和蛋白質來。血清張素和睡眠、記憶、情緒、動機有直接的關係，抗憂鬱症的藥如百憂解就是使阻止大腦中，血清張素的回收。當它在大腦中多時，人的情緒會好。ＢＤＮＦ可以增加血管內皮生長因子（Vascular Endothelial Growth Factor, VEGF，主要功能是建造新的微血管）及纖維母細胞生長因子（FGF-2，主要功能是促進組織生長）的生成。

她很能忍受痛，一直沒有辭掉ＮＩＭＨ的工作，不去做化療的日子照常開車去上班，在別人還在喊痛時，她已經爬起來去工作了。我想這一點跟她的運動員訓練有關，運動員必須要有毅力，因為接受訓練是辛苦的，沒有毅力撐不下去。有個大陸跳水奧林匹克金牌的得主告訴我，他冬天早上六點就起床練習跳水，一直跳到晚上六點收工，扭到腳、撞到頭照樣綁繃帶上工。運動雖然講究天賦，其實更講究毅力。運動也使她能忍受別人不能忍受的痛苦，而不輕言放棄。

從書中，我看到運動對身體的重要性，運動改變你的身體，從而增強你的大腦，延長你的壽命。台灣現在已經進入老人社會，健保是社會一項沉重的負擔，我們必須讓更多人知道，運動不但對身體好，還對品格的鍛練好。運動只有自動自發去做，才會持久。

人生不可預料，災難來時要像這個神經學家一樣，管它大腦裡長了多少瘤，既然報了鐵人三項的名，就去接受訓練，勇敢去參加，即使是最後一名也沒關係。

人生只有不停挑戰自己，才會活得精采，死神才找不到你！

食物可以改變基因的表現

朋友夫妻兩人為了孩子的功課不好而吵架，朋友最氣不過的是，她先生講了一句「都是你家的基因」。如果這句話是她婆婆講的，我可能不會驚訝，因為過去是基因決定論，但是現在實驗證據已顯示：人是基因和環境互動的產物，環境可以使基因展現或不展現，大腦終其一生都可以改變。這個互動論（interactionism）叫做表觀基因學（epigenetics），雖然每個人的基因是與生俱來的，但後天的經驗可以使細胞中的基因啟動（turned on）或不啟動（silence），如果它不被啟動，它對我們就沒作用。我們都知道成功的人並不是最聰明的，而是最有毅力的人。她先生是國立大學的教授，是所謂的高級知識份子，他有這種想法就嚴重了，需要釐清。

後天的經驗會給DNA加標籤（Tag），它告訴細胞中哪些基因要啟動，哪些不要。這個標籤來自細胞所接受到的訊息總和以及細胞對這訊息所做的反應。這個標籤很重要，因為細胞需要知道自己是什樣的細胞，它的基因應該做些什麼事。經驗可以決定某個基因要不要製造蛋白質出來供細胞使用。

懷孕的婦女如果身體缺乏幫助細胞生長的葉酸（folate，即維他命B_9），就會影響胎兒神經胚形成（neurulation，大腦最初是神經管的一端，後來逐漸變大），基因需要葉酸來調控神經褶以形成神經管，所以葉酸不足會造成胎兒神經管缺損症，大約六〇～七〇％的脊柱裂症（spina bifida）來自母親在懷孕時葉酸的不足。

葉酸的重要性是它跟甲基標籤（methyl tags）有關，它像個「停」的交通標誌，會阻止蛋白質去開啟基因，一旦它把基因關掉，神經管的分化就不完全了。我們的身體無法自己製造甲基群（methyl groups），它必須來自我們的食物，研究發現孩子出生時，基因中，甲基化的情況會影響他長大後的肥胖（我們的體重八〇％決定於脂肪細胞的數量和新陳代謝的快慢，二〇％決定於後天的飲食習慣）。

我們的身體不能製造很多必要的營養素，如維他命A、B_1、B_2、B_3、B_6、B_{12}，維他命C和E，需要從食物素去獲取（這是為什麼一發現懷孕，很多國家的衛生機構就會免費提供維他命給孕婦，來保護胎兒大腦的正常發育）。模里西斯的研究發現，三歲時有充分蛋白質和其他營養素的孩子，二十歲以後犯罪的機率比只吃地瓜等當地食物的控制組少了二倍，因此我們吃的食物很重要，它可以改變基因的展現。

我們的細胞中有基因調控（gene regulator）的蛋白質，這些分子可以快速開啟或關掉DNA來形成神經元的連接。如果一個神經元接到一個訊號，某一個突觸正在活化使用中，這個突觸應該被強化，讓下次更好用，這時神經元會啟動基因製造蛋白質去強化這個突觸。這個歷程不斷在細胞中發生。每一個神經元都有基因，而每一個基因都被調控，所以人是不斷在學習，長期記憶尤其需要這些基因啟動製造蛋白質，以強化舊突觸的連接和形成新的突觸。所以孩子學習時，基因的展現就改變了大腦的結構，文盲和識字的人大腦是不一樣的。

同卵雙胞胎如果一個有思覺失調症，另一個也有的機率是五五%，表示四五%操控在環境因素上，貧民窟思覺失調症的比率比富裕社區多。孩子上學最好自己帶保溫瓶不要喝瓶裝水，因為保特瓶在高溫下會釋放出雙酚A（bisphenol A），它是內分泌干擾素，會把好的基因關掉，對發育中的大腦有害，也會增加孩子出現過動注意力缺失症（ADHD）的行為。

基因是工具而不是決定者，為求生存，神經元必須快速改變，使能適應環境的需求。孩子功課不好有很多的原因，基因只是一個，不要因此而家庭失和，這對孩子學習更不利。

皺紋是見證曾經有過的笑容

朋友傳給我一個日本銀髮族川柳比賽的訊息（川柳相當於我們的打油詩），老人們以三行日文，寫下自己的老年生活，例如：成對的碗，一個給了我，一個給了貓；醫藥太進步了，活得比預計的長，超出保險年限；現在能夠溫暖迎接我的，只有坐便器了；懷舊歌曲不會唱，太新了；剛剛太好吃了，但吃什麼已經忘記了；好不容易站了起來，卻忘記是要幹什麼，又坐了回去；所謂年邁，就是不斷增加藥片和逐漸衰退的記憶；以前走路必須抬頭挺胸，現在走路必須注意腳下；現在人生已經不迷惘了，卻一直迷路；不敢再做身體檢查，每檢查一次，就多出一種病；有糖尿病，卻沒有甜蜜的生活；曾經打罵過的孩子，現在溫柔牽著我的手；照鏡子時，感覺看到了媽媽；睡個懶覺起來，發現家人在確認我的脈搏；以前反覆確認還有沒有感情，現在反覆確認還有沒有呼吸；過去的心悸是為了愛情，現在的心悸是犯了病；飯吃八分飽，還有二分用來吃藥。

這些詩句讓人哈哈大笑之餘，也不免反省一下，我們該如何來面對自己的老年？

老本、老伴、老友是晚年的必要，前二者往者已矣，已成事實，只有老友是來者猶可追。其實，一個人生活也不一定要孤獨，成對的碗，一個給了我，另一個可以送給好友啊！要有朋友，自己要先成為別人的朋友。

人要不斷的問自己：「如果我明天走了，有誰會真正想念我？」只要有一個人懷念你，你就沒有白活。但是友情需要培養，沒有付出就不會有收穫。

我剛去美國留學時，吃不起學校的餐廳，一個三明治一．五美元，一個漢堡一．九九美元，同學說很便宜，但對新台幣四十二元換一元美金的我來說，還是很貴，我通常是吃花生醬三明治，花生便宜又有蛋白質，營養夠。後來我發現不行，因為有些消息沒有跟同學在一起就不知道，例如老師的出題偏好、怎樣可以搶到儀器來用等等，所以只好一週二天跟同學一起去吃飯。一學期下來，交到幾個好朋友後，我就約他們來我實驗室吃飯，我做蛋壽司請他們（做不起魚壽司），久了大家就自己帶三明治來我實驗室吃，我就聽到了小道消息，也省下了飯錢。

因此要交朋友，先要付出。早上早一點起床煮飯，拌點醋和糖做成壽司並不辛苦，獲得的友誼卻是長長久久。多年後，我去美國開神經學年會，碰到一個同學（現在是名教授了），他說，他第一次吃到壽司是在我研究室，後來去紐約教書，雖然常去日本店吃壽司，卻覺得沒有在我實驗室吃的好吃，我告訴他，因為少了一味，叫做友情，他聽了哈哈大笑。

年輕的人純真，沒有勢利眼，所以友情持久。但是只要真心待人，老了也是一樣。若是老本允許，一月一次跟朋友上館子聯絡感情，若是荷包不允許，也可以請朋友來家包餃子。以前做留學生時，大家輪流去各家包餃子，飯後一杯清茶，天南地北，聊到不知東方之既白，貧窮之交，友情更長久。

人只要健康，不必怕活得超越保險年限。走路倒是必須看腳下，因為老人摔不得，一坐上輪椅，健康就走下坡了。至於照鏡子看到自己變老，要記得馬克吐溫說的：「皺紋只是告訴你，這裡曾經有過笑容。」心態一轉變，人生就轉變了。吃飯本來就是吃八分飽，另外二分我會留下來吃甜點，一點甜的滋味讓自己心情好，心情好最重要，粗茶淡飯吃起來也似山珍海味！

三行詩很有趣，哈哈一笑，青春不老。只要盡力幫助別人，讓別人懷念你，你的人生就值得了。

吃對、睡飽、多動，讓記憶力更好

我在馬來西亞僑教時，在電視上看到新當選的總理馬哈地演講，他的聲音宏亮，背很挺，走路不蹣跚，一點不像九十二歲的老人。羅馬的哲學家、政治家西塞羅說：「很多老人無法執行任務、負擔責任，或發揮生活上的功能，不是因為他們年老，而是惡劣的健康情況阻止了他們行動。」可見只要身體健康，老人一樣可以做很多事。

馬克吐溫說：「皺紋只是告訴你，這裡曾經有過笑容。」非洲之父史懷哲也說：「快樂不過就是身體健康、記憶不好而已。」其實記不得很多事，心情可能更好些。

年老不需恐懼，它是人生的一個階段，有生必有死，研究發現，森林大火是大自然的世代交替，老樹不死，新樹長不出來，因為沒有空間。尤其很多新樹的種子需要大火烤過才爆開。老不可怕，怕的是有沒有好好過一生。

研究還發現，老人記憶不好其實有三個原因，只要找出原因去改善，不必每天猛吞大腦保健丸（保健的第一個原則是：凡是不該進入身體的東西就不要進入）。

研究說，當記憶開始衰退時，先確定自己有沒有做到三件事：

第一，睡眠足不足？我們在熟睡後，大腦會分泌血清張素、正腎上腺素（norepinephrine）和生長激素，前二者跟我們的記憶有關，最後的生長激素可以修補血管內壁的損傷，減少腦病變的風險。正腎上腺素尤其重要，實驗者把掌管記憶的膽鹼細胞泡在正腎上腺素中，它就活得比較長；把那些受到類澱粉蛋白侵害的腦神經細胞泡在正腎上腺素中，細胞的傷害就減輕很多，正腎上腺是阿茲海默症的解毒劑。

芝加哥大學的研究者追蹤一百六十五名八十歲以上的老人家六年，發現他們大腦中分泌正腎上腺素的藍斑核神經元密度愈高，愈能減緩認知退化。也就是說，從大腦中製造正腎上腺素的能力，可以預測一個八十歲老人家六年中認知退化的程度。又因為人在學新東西時，正腎上腺素會大量分泌，所以老人家要學新的東西。

老人記憶不好其實跟他們的紡錘波（spindle ware）比年輕人少了四〇%有關。研究發現晚上睡覺時，大腦的海馬迴和儲存長期記憶的聯結區（association area）之間有大量的紡錘電波來回，推測是在把白天學習的東西送到長期記憶去儲存起來，紡錘波愈少，記憶愈差。

睡眠是大腦做大掃除的時間，睡眠時，大腦白天新陳代謝所產生的廢物被排出去，所以老人第一要睡得好。

第二，運動夠不夠？運動時大腦會分泌多巴胺、血清張素和正腎上腺素，有運動的二歲老鼠（相當於人類的八十歲）跟六個月盛年的老鼠大腦一樣年輕。二〇〇六年伊利諾大學的研究發現，做有氧運動的老人腦中的灰質和白質體積，都比從事伸展運動的老人更多，運動可以產生大腦自己衍生的神經滋養因子，促進有益蛋白質和荷爾蒙的產生，增進大腦對第一類型胰島素生長因子的攝取量，增加血管內皮生長因子及纖維母細胞生長因子。血清胺和麩胺酸能增加神經之間的連接，固化記憶，尤其是長期記憶，所以自己可以做的事，不要煩勞他人，能動是福。

第三，有沒有吃對？馬哈地說他只吃七分飽，吃得很清淡。其實，藥補不如食補，大多數醫生推薦地中海型飲食，因為它強調水果蔬菜（一天十份，每份大約拳頭大）以及瘦肉、魚、蛋、堅果、橄欖油和二杯的葡萄酒等大腦工作所需的營養素。

當然最重要的是心情，心情好，活得長才有意義。凡事要操之在己，只要盡了人事，就聽天命，不要強求。有道是「老驥伏櫪，志在千里」，姜子牙不是八十歲還幫周文王打天下嗎？要像馬哈地一樣，老當益壯。孔子說，有為者亦若是！

奉公守法，使命必達

一個學生考上了高考，被分發到南部去上班。他來跟我們辭行。一位同事高興之餘，拿出筆硯，揮毫寫了「奉公守法」四個大字，我們看了都很驚愕，因為在學校裡報帳時，遇到奉公守法、咬著條文不放的公務員，大家都吃過虧。他咪咪笑地看著我們，又繼續寫下「使命必達」，大家才鬆一口氣——因為不會變通的公務員會惹民怨。

這位同事說，他在念高中時，學校規定要穿黑皮鞋，不幸他的黑皮鞋在高三快畢業時，磨破了，他買不起，而且畢業後也不用穿，他就買了一雙看起來像皮鞋的黑球鞋去替代。升旗時，教官發現了，要責罰他。他就向教官求情：穿制服的目的是使團體看起來整齊一致，既然黑球鞋也是黑的，在不違反目的的情況下，懇求教官通融。教官揮揮手叫他歸隊，沒有記他小過。這就是變通。

我姐姐就沒有這麼好的運氣，北一女規定冬天要穿黑外套，家裡沒有錢買，我母親就把父親的軍大衣改成姐姐的黑外套。升旗時，被教官發現了，因為雖然顏色樣式一樣，但布料不同。每天升旗時，教官就罰我姐姐站，一直站到高三畢業。當我又進到同一所學校時，我媽媽叫我穿姐姐的黑外套，姐姐才把這件事說出來。我到現在想起來還是很難過，這個教官就是不會變通，傷害了一個窮人家孩子的自尊心。

應變就是在不違反原則的情況下，因應環境的需求，做出合理的改變。只要能達成目標，可以殊途同歸。這個能力在ＡＩ人工智慧當道的二十一世紀，尤其重要。

遠離失智，五種營養素不可少

我妹妹從美國打電話來說：「姐，快去驗血，醫生說我缺乏維他命D，我想我們基因一半相同，你可能也會缺，快去驗。」放下電話，我也緊張了，維他命D對大腦很重要。

我們的大腦中有很多維他命D的受體，因為維他命D和神經傳導物質多巴胺、血清張素的合成有關係，它也保護神經元不受毒物的侵害，減少發炎。

最近的研究發現，活性維他命D是膠質細胞吸收不溶性類澱粉蛋白的必要元素，缺乏維他命D會影響膠質細胞的工作，使類澱粉蛋白不能被淋巴系統運出，當它沉澱在神經元上時，會造成阿茲海默症。

其實所有的維他命對身體都重要，例如維他命C就是身體製造膠原蛋白的要素，更和多巴胺、血清素和腎上腺素的製造有關，因此在高壓之下工作的人要多吃維他命C，也要戒掉菸和酒，因為抽菸、喝酒會消耗身體的維他命C。

有一個研究是給臥床病人一天兩次額外的維他命C，結果發現它可以減輕病人七一%的情緒不安和五一%的壓力感覺。

另一個實驗是開刀前先給心臟病病人注射兩克的維他命C（控制組是注射生理食鹽水），手術後再給實驗組每天口服一克的維他命C，連續四天。結果發現有額外補充維他命C的病人，手術後的恢復比較快，住院時間比較短。馬拉松的選手如果服用一五〇〇毫克的維他命C，跑完以後，身體中壓力荷爾蒙皮質醇的濃度比一般人低。

維他命C也是個很好的抗氧化劑，保護大腦組織不受自由基的侵害。因為自由基的外層少了一個電子，所以它會去搶別人的電子使自己穩定，但是被搶的分子又變得不穩定，這個連鎖反應一旦啟動，會造成細胞組織的傷害。

其實自由基是我們身體新陳代謝時產生的，粒腺體在製造能量時會產生自由基，即使單純的呼吸和消化食物也會產生自由基，自由基可以殺死細菌和清除死亡細胞，但是它過度產生時，就會造成大腦傷害。抽菸、喝酒、壓力、環境汙染都會增加自由基。

我們大腦必須不停新陳代謝，所以神經元和膠質細胞一直暴露在自由基的轟炸之下，如果控制不好，會造成大腦長期發炎，維他命C的角色之一就是把自由基轉換成無傷害的分子，所以它很重要。

其他的維他命像維他命A和E，也是抗氧化的，當然B也很重要。加拿大有一個實驗是給一組人吃維他命D或維他命B，另外一組人是吃綜合維他命，六個禮拜以後檢測他們對於壓力、沮喪和焦慮的反應。結果發現服用多種維他命的人，對於壓力和焦慮的感受比較好。

我們過去的認為膽固醇不好，其實膽固醇是身體必要的脂肪。我們用膽固醇去製造細胞膜、雌激素、男性荷爾蒙以及腎上腺素。當我們曬到太陽的時候，身體會把這些原料轉換成維他命D，但是若缺乏維他命D的話，也會缺少膽固醇。大腦中有二〇％是膽固醇，其中七〇％在軸突外圍的髓鞘上，髓鞘使電流在通過神經迴路時不會短路。膽固醇對我們突觸的可塑性——即學習和記憶——有非常重要的關係。

因為膽固醇是大分子，不能夠透過血腦屏障進入大腦，因此大腦需要自己製造它的膽固醇，大腦中的膽固醇是由膠質細胞來製造，僅少數是由神經元製造，缺少膽固醇會影響大腦的健康，會產生神經細胞的疾病，如杭丁頓舞蹈症（Huntington Disease）、巴金森症、阿茲海默症等，所以膽固醇對大腦的健康很重要，蛋黃是好的膽固醇，可以吃，不要丟掉。

最近有好幾本有關營養和大腦健康的書出來，營養學以前不被重視，事實上，you are what your eat，吃得正確，大腦自然健康有活力了。

說得愈多，其實愈無知？

尾牙時，有一個新科民意代表來我們這桌搏感情。他一坐下來便遞名片，然後問我們每個人的行業。不論你說什麼，他都要評論幾句，表示他也知道這個領域。很不幸的是，我們這一桌都是教授，雖不敢說學有專精，但是能在大學誤人子弟，至少也有二把刷子。聽到這個人鐵口直斷自己領域的前途，不免有些震驚。有位教授微笑說：啊，高見，高見，您的高見厲害了，難怪現在年輕人一下子就能外派做組長。

他不但聽不出別人話中的調侃，反而很得意的說：是啊，是啊！現在有網路，沒有不知道的東西，真的不知道，上網一查也知道了。這時坐在我旁邊的教授在餐巾紙上寫了「Dunning-Kruger Effect」遞給我。我一看，啞然失笑，太對了。

一九九九年，康乃爾大學的Dunning和Kruger做了一個研究，發現愈是沒有知識的人，愈會表現出無所不知，而且自以為是。他們發問卷調查人們對文法、邏輯推理和幽默的知識。然後問他們覺得自己答得好不好，跟別人比起來，大約在哪個百分點上。結果很驚訝的發現，分數愈低的人愈覺得自己答得好，那些成績在常態分配曲線低端一〇%的人，覺得自己應該在上面的七〇%左右；那些不知道自己在說什麼的人，覺得自己像專家一樣有知識，而且自信滿滿。這個研究發表後，很多不同的實驗室都重複了一遍（一個現象要經過別的實驗室認證才能成立），不論問的項目是數學、品酒、下棋或醫學知識，都得到同樣的結果，表示這現象是真實的。因為不知如何定名，就以這兩位研究者的名字定為「Dunning和Kruger現象」。

古有明訓：「人貴自知。」演化學家認為原因是因為人的眼睛長在前面，除非照鏡子，不然不知道自己長什麼樣，俗語說：「馬不知臉長，猴子不知屁股紅。」目前社會上這種人一大堆，個個覺得自己是天縱英才，在任何職務上都是大材小用，派去哪裡都可以勝任。

不懂裝懂很可怕，小則誤事，大則出人命（報上常有密醫害命之新聞，最近有個高職男當密醫，把關節退化症醫成敗血症），其實人不可能什麼都會，「知之為知之，不知為不知，是知也。」有時，不說話，更顯得你莫測高深，別人不敢輕視。

轉念，讓你更快樂

一位有潔癖的單身朋友，退休後，常出國去旅遊，她特別喜歡住五星級旅館，因為房間每天都有人打掃得乾乾淨淨，使她走進來心情愉快。現在她的退休金被砍了，她無法再像以前那樣出國，她來告訴我，憋得快得憂鬱症了，問我怎麼辦？

我聽了啞然失笑，這個憂鬱症好治，美國哲學家詹姆斯（William James）說，改變心態就改變生命。如果每天晚上睡覺前，把屋子收拾一下，那麼第二天起來，屋子就是乾淨整齊的，心情自然也就容易清爽起來。

我自己就有過這種經驗，若是前一天太累，回家沒有收拾廚房就直接上床睡覺，那麼早上起來要泡茶時，看到亂七八糟的盤碗，眉頭就會皺起來，同時會生自己的氣，因為要浪費早上珍貴的時光來洗碗。早上是用腦最好的時候，經過一夜的睡眠，補充了跟記憶有關的神經傳導物質如多巴胺、血清張素等，不拿來看書而拿來做家事，豈不太可惜了？這時就會羨慕達爾文，他每天吃過飯，不必洗碗就可以去散步，想他的物競天擇，而我的碗若不洗，一輩子都還在水槽裡。

人的情緒的確很容易受到小事情的影響。有一個實驗是請大學生去影印室複製一份他們待會要填的情緒量表，實驗者在影印機旁放了一角美金，一角錢在當時只能在販賣機中買一杯咖啡（現在至少七毛五了），因此不會有人拾金不昧，撿去報警。但是這一點點的意外之財，就會使這個學生的心情變好，相較於另一組沒有撿到錢的學生，撿到小錢的人會覺得運氣很不錯，對自己比較有信心。我們很驚訝，一點點好運竟能帶來很大的快樂，所以改變心情很簡單，動念之間而已。

又有另一個同事，原先計劃在孩子出國去念書後，把小孩臥室改成自己的畫室。多年來，她為了這個目的，每個月存一千元。想不到當孩子出國了，她開始著手改建時，才發現存的錢根本不夠，而且不是少一點，是少了一個零。

失望之餘，她改變心念，請室內設計師來把房子重新布置一下。完工後，請我們去參觀成果，一進門，大家都眼睛一亮，空間變大了，牆上的鏡子把對面大安森林公園的綠意請進來了，客廳變得舒適了。她說設計師告訴她，房子是給人住的，不是物品展示場，在扔掉八〇％的東西後，客廳果然寬敞起來，不一樣了。

我聽了很有感慨，我們常把不需要的東西塞在心裡，讓自己過得不愉快，其實很多可以扔掉。馬雲有個比喻：鄉下人吃飯，碗裡塞滿了食物，堆得高高的；法國人吃飯，大大的盤子裡只有中間一點點食物，他說這叫品味。

空間是個很主觀的東西，〈陋室銘〉就是一例。所以心態很重要，星雲大師說：「杯子滿了裝不下水，房間滿了住不了人。」人只要轉念一想，天地自大，人生就快樂了。

防失智為何要學新東西？

一位讀者來信問：「預防失智為什麼要學新的東西？證據在哪裡？為什麼看電視沒用？」的確，動腦有很多方式，為什麼學新的東西比較好呢？

這原因是學新東西時，瞳孔會放大，瞳孔放大表示正腎上腺素在分泌，這是心智活動的指標，正腎上腺素是神經傳導物質，更是大腦的神經調節物質，能提升大腦學習和記憶的功能，使學習更有效。人在面臨挑戰時，大腦會分泌正腎上腺素，使我們瞳孔放大、觀察力更敏銳，更能做出正確的判斷。看電視時，人對訊息進入大腦的速度沒有主控權，來不及處理時，訊息便會流失，大腦活化的程度遠不及主動思考來得大。

正腎上腺素跟認知儲備有關（這是借用銀行的術語，年輕時多存些錢，年老就不必怕政府砍退休金。年輕時多用腦來儲備認知能量，老的時候就不會退化得那麼快），芝加哥大學的研究者，連續六年定期追蹤一百六十五位平均年齡八十八歲的老人，發現腦幹分泌正腎上腺素的藍斑核中，神經元密度愈高，愈能減緩認知退化。也就是說，從大腦中製造正腎上腺素的能力，就可以預測這個老人在六年內認知退化的程度。

德國有個研究，讓七十到九十三歲的老太太上六個月的電腦課，發現不再上課後，她們大腦的活化程度還是比沒有上過課的人強，因為已經養成每天上網學新東西的習慣了。正腎上腺素使我們警覺，維持注意力不游離，保持自我覺識。它的特點是對新奇東西做出反應，所以，老人要學新的東西，才能激發正腎上腺素的分泌。

最近的研究更發現，把跟記憶有關的膽鹼細胞浸泡在正腎上腺素中，它們會活得比較久。阿茲海默症病人的大腦中，有很多類澱粉蛋白沉積在神經元上，如果將受到類澱粉蛋白傷害的腦細胞泡在正腎上腺素中，可以減輕神經元的傷害。因此，為了避免阿茲海默症，我們要盡量學習新的東西，使大腦分泌正腎上腺素來抵抗失智。

年輕人其實更需要正腎上腺素，有個實驗是請學生躺在核磁共振中做數學題目，同時掃瞄他們的大腦。結果發現在解題時，他們腦幹中的藍斑核大量活化起來，使注意力集中。所以父母其實不必送孩子去補習班「超前學習」，因為一旦已經會了，上課內容對孩子就沒有新奇感，正腎上腺素不會出來，注意力就不能集中，反而養成不專心的壞習慣。

在演化上，人對新奇東西的專注力，使我們存活下來，因為面對不熟悉的東西，大腦會立刻分辨來者善不善，這時正腎上腺素會把注意力鎖在那個東西上面，直到確定它是無害的為止。嬰兒每次看到新東西，都會目不轉睛一直看，因為他的大腦正在努力學習，對熟悉的東西看兩眼，頭就轉開了。

所以喜新厭舊是人的通病，這對家庭的穩定有傷害，但它卻是大自然幫助我們存活下來的方式之一，如何平衡二者，是智者的功課。

沒事多唱歌，竟能健身又健腦

朋友說她先生自從參加了某候選人的造勢晚會後，回來開始唱軍歌，整天哼哼唧唧，平日緊縮的眉頭也展開了。她問，唱歌究竟有什麼魔力，使她先生變得不一樣了？

吟唱能帶給大腦能量，使人生氣蓬勃。大腦一天大約需要每秒三千五百萬個刺激，至少要四到五個小時的時間，才能保持適度的警覺和注意力。一九六八年，法國本篤會的教士生了怪病，九十名修士中有七十名無力起床。眾醫束手無策，甚至認為他們是營養不足，建議他們放棄十二世紀以來的素食，改吃肉。後來發現，原來是教宗認為他們發了禁語的誓，每天卻花八小時在誦經（chanting），違反了教規，就不准他們出聲誦經，結果大腦在失去它的能量後，修士便起不了床。

研究發現，人是用耳朵在唱歌，當人聽到聲音時，全身從小腸的黏膜到皮膚都會起反應，例如我們聽到指甲刮到黑板的聲音會起雞皮疙瘩，不由自主的打哆嗦。在唱誦時所發出的震動，會跟環境起共鳴，打開我們跟外界溝通的管道，使我們天人合一。所以唱歌是刺激身體最有效的方式，幾乎所有民族的祭典都要唱誦，而且是戶外唱誦。

唱歌帶給大腦能量，是肺部的運動。唱得愈多，能量愈多；產生的多巴胺愈多，心情愈好。這個正回饋加強了我們心智和身體的能量，使我們有精神。所以軍人行軍要唱軍歌，我們小時候遠足也要唱歌（當時交通工具很少，遠足是名副其實的走路。老師怕學生走不動，便要我們唱「疊疊青山涵碧，彎彎溪水流清……」「春風吹面薄如紗，春人裝束淡如畫……」，當大家把學校教的歌都唱一遍時，目的地就到了），唱歌是帶給大腦能量最好的方法。

研究也發現，在美國高中SAT測驗的分數中，參加合唱團和會彈樂器的學生，成績比不會任何樂器的人高了五十二分。九十名校對人員在有音樂的環境下，挑出的錯字比沒有音樂的多了二一%。

人在暗夜行路恐懼時，會大聲唱歌或吹口哨，給大腦能量，並安自己的心。唱軍歌則能喚起同袍感情，記憶一溫暖，眉頭就舒展了。所以選舉時唱歌，可以喚起共識，的確比互相攻擊更好。上學時升旗，唱一下國歌、升旗歌，也會使學生有精神，學習效果更好——唱歌的確是有魔力的。

關於親子

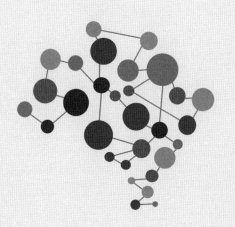

態度決定孩子的一生

為了讓孩子考高分而餵他吃所謂的「聰明藥」，是一個非常錯誤的觀念，也是一個非常危險的行為。所謂「是藥三分毒」，所有的藥物都有副作用，有的時候，副作用的壞處大於藥效。對於自己的身體，最基本的觀念就是，凡是不該進入身體的東西都不要進入。大腦自己本身分泌的無妨，但是外來的化學藥物會有副作用，需要謹慎。

阿迪羅、利他能、專思達等治療ADHD（過動注意力缺失症）的藥是一種中樞神經系統的興奮劑，它會阻擋多巴胺和正腎上腺素在神經突觸上的再回收（re-uptake）。多巴胺和正向情緒有關，正腎上腺素和注意力集中有關，當大腦中多巴胺和正腎上腺素多時，孩子的情緒會好，上課會專注，所以成績會進步。

許多父母只看到藥效，就不管孩子有沒有ADHD，央求醫生開給他吃。曾有醫生向我抱怨，他知道不可以開，但家長不聽，掉頭就去另一個診所，反正一定可以找到願意開藥的醫生。當一個藥被列管為「處方藥」，就表示它不能隨便吃，怎麼會為了眼前的一百分，去犧牲孩子一輩子的健康和幸福呢？

利他能的副作用在大腦的伏隔核（nucleus accumbens），這個地方是我們大腦中動機啟動（initiative）的中心。這個地方被破壞了，病人會沒有動機去做任何事，即使二十四小時沒有吃，也不會來找你要食物。即使把飯盒放在他面前，他也不會伸出手來拿。但是假如你用他自己的手，把第一口飯餵進他的嘴裡後，他會很快將食物吃個精光。也就是說，他肚子很餓，但沒有動機去找東西吃。長期吃這種藥，孩子考了一百分，上了最好的大學，但畢業後，沒有動機去從事任何職業，成天窩在家中打電玩，等於是個廢人。

利他能這個藥在一九六〇年上市，孩子服藥後，注意力集中了，成績進步了，所以很多老師鼓勵父母帶孩子去給醫生看，要求開藥。當時這個藥被稱為「校園的類固醇」（academic steroids）。持續開藥的結果是現在服用這個藥的孩子是一九八七年的三十倍。從常理判斷，一個疾病不可能在二十年之間翻了三十倍，表示這藥被濫用了。

其實許多孩子並沒有ＡＤＨＤ，是徹夜玩手機電玩遊戲以致睡眠不足，上課沒有精神。加州大學的研究者發現，被診斷為ＡＤＨＤ的孩子，在強迫睡滿八個小時以後，那些躁動、注意力不集中的症狀都消失了。

孩子上課注意力不集中，有時是他對老師所上的內容沒有興趣，有時是根本聽不懂。例如，有個孩子上課亂動、坐不住，被懷疑是ＡＤＨＤ症，帶去給醫生檢查時，才發現他有斜視，而且一邊的鼓膜破損——因為小時候得過中耳炎，潰爛沒有治療，當他看不清楚也聽不清楚老師在講什麼時，自然就注意力缺失，動來動去了。

目前有些學者的看法是：先不開藥，而是先讓他運動。因為大量運動後，大腦自己會產生多巴胺、正腎上腺素，跟利他能的作用一樣，而且由大腦自己產生的不會有副作用。

對於利他能，二〇〇六年有一項實驗非常的好。

麻省理工學院（MIT）的蓋伯瑞利（John Gabriel）教授在得到父母的同意後，給正常的兒童吃注意力缺失過動症的藥，也暫時停止有注意力缺失過動症孩子所吃的藥。也就是說，讓沒有ADHD的兒童服藥，卻讓被診斷為ADHD的兒童停藥。然後測試這些兒童在有藥、無藥狀況下的學習情形。結果發現，這些治療注意力缺失過動症的藥物，也會增進正常兒童的表現，增進的程度跟有ADHD的孩子一模一樣。也就是說，不論有病沒病，吃了這個藥學習效果都會變好，跟疾病沒關係，可見它並不是治本。但是，它卻會傷害大腦，使孩子以後沒有學習的動機。

在二十一世紀，孩子競爭的對象是機器人，而機器人是沒有學歷的，分數根本不重要，態度才重要。那麼，我們值得為了暫時的滿分、為了虛榮心而斷送孩子的一生嗎？

沒有「輸在起跑點」這回事

我家附近有個補習班，因為知名度很高（保證升學），所以家長趨之若鶩，每天補習班下課時，路邊都停滿了接孩子的車輛，行不得也。我平常都繞路走，最近因為放暑假，我想應該可以好走一點，想不到又被堵。在動彈不得之際，我發現接孩子的車陣中有一個是我的朋友，便打手機問她：暑假幹嘛還送孩子來補習？她很驚訝的回答：當然要補，不然開學怎麼跟得上？

我聽了非常沮喪，這個朋友本身是念腦科學的，如果連知道大腦發展必須循序而進、揠苗助長是徒勞無功的人，都會屈服於社會輸在起跑點的壓力，台灣教育的錯誤觀念真是太嚴重了。

其實一九九八年的實驗，已發現人是終身學習，大腦掌管記憶的海馬迴神經細胞可以再生，沒有輸在起跑點這回事。台灣每一年也都有不補習但考上理想學校的例子，但是父母還是不由自主被社會風氣牽著鼻子走，實在可悲。

超前學習最大的壞處，就是扼殺孩子的學習動機，因為補習班已經教過了，上課便不會好好聽，養成孩子不專心的壞習慣。人都不喜歡學已經會了的東西，因此上課就會動來動去，在桌下玩別的東西、說話，打擾別人上課。老師講不聽，便叫家長帶去看醫生，看是不是有注意力缺失過動症。這個病在最近二十年間，人數增加三倍，引起許多學者的注意。一個大腦的疾病為何會在二十年間急速暴增，原因之一就是「超前學習」，因為孩子已經會了，不想再聽了。

這種上課不專心的習慣養成後，會害孩子一輩子，因為只有主動學習，才會改變神經迴路的連接，被動的不會。有一個實驗是比較英國計程車和公車司機大腦中掌管空間記憶的差異，受測者都開了四十五年的車，但是公車司機不能任意改換路線，而計程車司機得隨時因客人的要求而改變方向。在核磁共振的腦造影圖中，計程車司機掌管空間記憶的海馬迴後端大了許多，而公車司機沒有。因為前者是主動改變方向的駕駛，而後者是被動依循路線的駕駛。

所以父母讓孩子超前學習，會使他失去主動學習的動機，養成了上課不專心的壞習慣。一、二年級功課輕鬆時，混得過去，四年級功課開始變難了以後，孩子的成績就落後了，這時父母會著急，只好多增加補習的項目，這種惡性循環的結果會讓孩子視學習為畏途，以後一輩子不喜歡學習。

中國有一句話「天道酬勤，地道酬善，學道酬苦，藝道酬心」，其實學習是辛苦的，學會以後才是快樂的，天下哪有不勞而獲的東西呢？，現在很多人主張學習要快樂，孩子一喊不快樂，大人就緊張，趕快減低壓力。

美國STEN（科學，技術，工程和數學，Science, Technology, Engineering, and Mathematics）的專家奧克利教授（Barbara Oakley）說：「我們愈把學習科目變得好玩，愈是破壞孩子學習困難科目的能力。」孩子學習的不快樂，很多時候是我們大人錯誤觀念造成的。既然被動學習沒有效，又何苦去補習，讓大人孩子都受罪呢？

情緒控制，幾歲教最有效？

最近頻頻發生家長用暴力替孩子討公道的事件：在台灣，有檢察官帶警察到幼兒園去審問小朋友；在大陸，有父親帶刀到學校把女兒同學殺死。大人本來應該是孩子行為的榜樣，想不到反而更衝動，更沒有理智。

孩子需要在一個情緒上感到安全的環境裡，表達他的憤怒、失望、悲哀和傷痛。父母只要在自己遭受挫折時，保持情緒的穩定，就可以提供孩子這個安全感。在大腦發展上，情緒可以被控制，但訓練要及早。有一個研究發現教導孩子情緒控制最佳的時期，是出生六個月到一歲半、二歲的時候（即《顏氏家訓》說的「教婦初來，教兒嬰孩」），三歲以後，大腦敏感度的曲線開始下降，四歲趨平，五歲時壞習慣已養成，很難改了。

為什麼要這麼早教？因為幼兒期的學習，是不費力的內隱學習，大腦中司模仿的鏡像神經元，會把看到的行為自動登錄在神經連接的突觸上，每次神經迴路活化，這個行為就被強化一次。又因為這是最原始的學習，動物也有，因此英文有monkey see, monkey do，中文有「龍生龍，鳳生鳳，老鼠的兒子會打洞」「上樑不正下樑歪」等俗語，所以大人的榜樣非常重要。

曾有一個幼兒園的小朋友，不順心時便摔東西，而且只摔別人的東西不摔自己的。有一天父親來接孩子，老師問起來，父親苦笑說：「我太太一發脾氣就摔東西，而且只摔我的東西。」老師很驚訝小孩子學得這麼徹底，連母親摔別人的東西都學到了。

人生不如意事十之八九，免不了會發脾氣，因此人要讀書，修身養性來變化氣質。其實人只要看到自己生命的目的，便不會輕易動怒，招來殺身之禍。韓信能忍胯下之辱，因為他有抱負，在等待機會成大業，所以不跟市井小人一般見識，因此大丈夫才能屈能伸。

大腦的研究顯示，人的情緒是控制在自己的手上，因為情緒迴路的活化在於人當下的意念，每一個人都是過去經驗的總和，過去的經驗造成現在的你，哈佛大學的研究發現，五十六歲是做CEO最好的年齡，因為情緒的控制已經爐火純青，不受別人激將法的挑釁了。

人讀書是為了超越動物的本性，當人人腹有詩書時，社會自然就安寧了。

零缺點的孩子為何一無是處？

賓州大學講座教授馬丁．賽利格曼在他的新書《希望迴路》（*The Hope Circuit*）中說，他叫他女兒一起來幫忙拔野草，因為美國人很在乎門前草地是否碧草如茵，但是漂亮的草地需要不停的照顧，其中最費時的便是除草，尤其是很會競爭營養的蒲公英。他女兒才五歲，自然邊拔邊玩，寓工於樂，她把蒲公英的種子拿起來吹，看它們隨風散去很快樂。賽利格曼看到了，便罵她，數落她其他的壞習慣。女兒聽完後跟他說，爸爸，我可以跟你講一句話嗎？你有沒有想過，你每天改我的壞習慣，就算我全部的壞習慣都改掉了，我只是一個沒有缺點的小孩，我還是沒有優點，你還是不會稱讚我，你為什麼不去看我的長處呢？

他說他聽得目瞪口呆，不能相信一個五歲小孩可以講出這樣的話來，也立即了解這是他的錯，沒有缺點不代表就有優點，責罵不但不能達到目的，反而會有反效果，孩子會叛逆更不聽話，不想跟父母在一起。他便從那一刻開始，改變心理學的研究方向（他當時是美國心理學協會〔APA〕的主席），從過去專門研究少數人的病態行為，改為注重正常人樂觀、正向的行為，創造了正向心理學這個領域，成為正向心理學之父。

我看了這一段也目瞪口呆，這孩子一語道破我們在教育上的盲點。我們的教育都在改正孩子的缺點，想製造個完人出來，忘記了世界上根本沒有完人。沒有缺點不代表有優點，這二者中間不是等號。這樣做，反而會因為不停的責罵，把孩子的自信和自尊都罵光了，變成自暴自棄。為什麼一個孩子寧可深夜在公園餵蚊子也不願回家？因為他在大人眼中一無是處。

世界上很多事情不是二分法，沒有不快樂不等於有快樂。這是很多人看不懂這次公投在講什麼的原因。悲傷的反面不是快樂而是關心。及時的一點讚美、一點鼓勵，是孩子能持續前進的動力。我們都忘記自己小時候是如何學會走路的——不就是在走不穩摔跤時，大人沒有說：怎麼這麼笨，路都不會走？

而是笑著拍手，鼓勵我們爬起來再走嗎？

台灣過去的選舉都在攻擊對方的缺點，二〇一八年市長選舉意外看到正向的競爭，若能持續，這是台灣的曙光。

受傷的不只身體，虐童禍延三代

最近網路瘋傳一個視頻：兩個孩子一男一女在做功課，一個女人進來，不由分說，拿起掃把就打那個女孩，再把這女孩推倒在地，女孩沒有哭，爬起來繼續寫功課。過一會兒，這女人又進來，用力把作業簿撕了丟到地上，女孩默默撿起來，撫平，繼續寫作業。那個女人似乎對女孩沒哭、沒求饒很生氣，操起棍子狠打那個女孩，而坐在旁邊的男孩則淡定的寫作業，從頭到尾，頭都沒有抬一下。我看了心驚肉跳，義憤填胸，無法忍受一個無自衛能力的孩子被如此虐待。

虐童的嚴重性在於它是一個惡性循環，動物實驗發現，受虐者長大會變成施虐者。這也就是媳婦熬成婆後，會繼續虐待她媳婦的神經機制。加拿大麥吉爾（McGill）大學明尼教授（Michael Meaney）就發現：母鼠對小鼠的冷漠，會改變小鼠基因組（genome）的結構和功能，使這小鼠長大後也是個冷漠的母親，再去虐待牠自己的孩子。

一般來說，小鼠生下來後，母鼠會去舐牠，這時母子的大腦都會分泌一種神經胜肽叫激乳素（Oxytocin），這個激乳素會強化親子的聯結，影響小鼠以後的社會行為。草原的田鼠（vole）是一夫一妻制，牠們在交配時，大腦會產生激乳素，使牠們忠貞不二；人會打群架也跟激乳素有關，實驗者在受試者鼻腔內噴上激乳素後，受試者看到自己團隊的人被欺負，就比較會挺身而出，跳下去幫忙打。

所以大腦是環境和基因互動的產物，行為會改變細胞的活化，細胞的活化又會改變生物訊息（biosignal），生物訊息會改變細胞中基因的展現，基因展現會改變DNA，它就改變下一代的行為了（這叫表觀遺傳學，epigenetics）。

所以童年的不幸會影響孩子一輩子，母親有產後憂鬱症的嬰兒，才一歲大腦結構和功能就不一樣了。所以虐兒事件絕不可等閒視之，因為它會禍延三代。

過去公權力對家暴案件都抱著清官難斷家務事的心態，不願介入，其實一定要介入，不然會斷送孩子的一生。研究發現，父母偏心或冷漠不理睬所造成的傷害，比肉體的傷害更嚴重。那個男孩無動於衷的反應也令人擔心，沒有同理心的人，將來也是個不正常的人。

家暴犯罪需要全民來共同防止，因為它會直接影響我們社會的秩序與安寧。

一本好書可以打開孩子的心靈

上個月去高雄參加閱讀博覽會，看到會場有很多國中和國小的學生，心中非常高興，因為說話是本能，閱讀卻是習慣，學生得從小親近書本，才會喜歡閱讀。

會場陳列著各種印刷精美的書籍，心想買的人應該不少吧？但是不然，看的人多，買的人少，幾乎每個小朋友手上都拿著冰棒、霜淇淋，可見不是沒有錢，卻沒有一個人手上拿著書。更驚訝的是，連大人也沒有買書的觀念，因為我旁聽到一對母子的對話。

這個孩子跟他的母親要求買書，母親不肯，說我們去吃麻糬冰淇淋。孩子哀求說：我不要吃，我想買書，母親仍然不肯，說沒有錢。我在旁深深嘆息，冰淇淋是穿腸過，但是一本好書可以打開孩子的心靈，豐富他的人生，為何寧可吃冰淇淋而不肯買書呢？

「智者勞心，愚者勞力」，我父親什麼錢都省，就是買書的錢不省，他說：買書來讀，用腦力賺錢比用勞力快多了。我們都希望孩子成材，為什麼會捨不得買會帶給他智慧的書看呢？

我曾在山地看到一個有能力念書的孩子，家裡卻不讓他升學。我和他的導師一起去家訪，這個父親說，家裡需要孩子揹高麗菜一天八百元的收入來生活。我跟他說，你去揹菜，讓孩子去讀書，他大學畢業一個小時可以有八百元，等於他上一天班你要揹一個禮拜的高麗菜。但這父親還是不肯，我們只好眼睜睜看這個孩子被大人的愚昧犧牲掉。

閱讀的好處多多，甚至連童話故事都對孩子有益，因為它告訴孩子火龍再可怕，終究會被打敗，因為人有智慧，可以智取之。

獎勵和懲罰是塑造行為的方法

有位媽媽寫信來問：「老師，你不是說父母要言出必行，說出去的話不可以打折扣嗎？為什麼你又說，孩子功課沒做完就叫他先去睡，第二天早上再做？我孩子做功課拖拖拉拉，每天都做不完，早上又叫不起來，功課沒做完，老師每天都寫聯絡簿叫我督促，我究竟應該讓他先睡？還是先把功課做完？」

做事要講求效率，孩子愛睡時，做功課的效率差，注意力不集中，題目會做錯，我們常看到疲倦的孩子，數學題目看了二、三遍，還不知道題目在問什麼。大腦中掌管學習的多巴胺、血清胺、正腎上腺素經過一天的消耗，存量不足，學習變慢了。加上天黑後，大腦會分泌褪黑激素使孩子愛睡，所以這個時候，強迫孩子做功課是事倍功半，不如叫他去睡。經過一夜的睡眠，大腦補充了這些跟學習有關的神經傳導物質後，做功課可以事半功倍。愛睡時，四個小時才能做完的作業，早上兩個小時就做完了，早上起來背英文生字效果最好，就是這個道理。

如果孩子做事拖拖拉拉，那麼要先改他的壞習慣。其實，孩子敢拖延主要是因為有大人在後面收拾，所以他不在乎。父母不必陪孩子做功課，因為做功課是學生的本分，他應該自己去做，但功課做完了，要讓他去玩，這是獎勵。

獎勵和懲罰是兩個塑造行為的方法，當對的行為第一次出現時，獎勵會使這個行為持續出現；同樣的，錯誤的行為出現時，也要立即用懲罰方式使它不再出現。懲罰不必打罵，一位海豚訓練師說得好，罵什麼？海豚又聽不懂，牠不乖，我就不理牠，牠聽話時，我就給牠一條魚吃。下次牠看到我，就馬上做出吃魚的行為來，我就成功訓練牠跳火圈了。如果海豚可以訓練，孩子當然更可以教，每個孩子都想要取悅父母，只要用對方法，沒有不成功的。

很多人說學習是快樂的，其實是錯的，學習是辛苦的，學會以後才是快樂的，所謂「天道酬勤，地道酬善，人道酬誠，商道酬信，業道酬精，學道酬苦，藝道酬心」，「習」這個字是「羽」加上「日」，幼鳥要每天練習飛才學得會，所以學完一定要練習，效果才會持久。

我記得我小時候，台灣電很貴，父親都是叫我們天黑了就去睡，天一亮就起來做功課，用日光讀書也不會傷眼，我們以前都沒有近視。而且早上五點起床後，因為只有二個小時可做功課（七點就得出門去趕公車了），我們會非常專注把功課做完，這樣也避免了拖拖拉拉的壞習慣。

想起來，我們那時很感恩有書可以讀，不必像鄰家孩子一樣，男的下田、女的去工廠做工，都會很珍惜這個學習的機會。孔子說：「愛之，能勿勞乎？忠焉，能勿誨乎？」父母真的愛孩子，就要讓他吃點苦，他才會珍惜現在的所有。有個遊民說的好：「我媽媽捨不得我吃苦，所以我不懂得吃苦，我不懂得吃苦，我吃了一輩子苦。」做功課是訓練孩子做事的態度之一，不是小事，是大事。

讓孩子學會主動思考，親近大自然

為什麼要給孩子一些可以自由支配的時間？因為選擇權是最基本的人權。納粹在屠殺猶太人時，曾經把他們的名字都拿掉，但是有一樣東西納粹還是拿不掉，就是人有選擇態度的自由。著名作家、納粹倖存者弗蘭克（Viktor Frankl）說，即使一無所有，你仍然可以選擇自己要做個紳士或淑女。

一歲前的嬰兒，如果給他兩個玩具，他會兩個都要；一歲以後，他們會選擇一個，而不像之前兩個都要，因為大腦額葉開始成熟，他們慢慢有主見，不再受人左右了。所以每個孩子都希望有一點屬於自己的時間，那怕發呆、做白日夢都好。但是大人為了怕孩子將來輸人，便要他們盡量學習，替他們把時間排得滿滿的，表面上好像每一分鐘都在學習，其實徒勞無功，神經只有主動時才會連接，被動學習沒有用。所以青春要留白，大腦需要時間去思考、去消化、去歸類。孔子的「學而不思則罔」是有神經學上的證據的。

有個實驗是呈現一個字單給學生看，看完請他們默寫，結果發現，如果呈現的速度過快，他們只來得及看，來不及想，回憶的效果較差，如果拉長呈現時間，使他們有機會去思考前字和後字之間的關係，學習效果就好很多。

另一個實驗，是在同一地方背一個生字連續十次和在十個不同的地方背這個生字一次，雖然背的次數一樣，但後者的效果好很多，因為記憶需要時間去把生字和回憶（刺激和反應）連接起來。所以填鴨是無效的學習。

父母什麼都替孩子做，最大的壞處是養成依賴性。孩子變成叫一下動一下，不叫就不動，失去主動性。達文西說：就如強迫餵食，身體不能吸收，強迫學習也沒有功效。很多小學老師都觀察到，提早受教的孩子在一、二年級時成績很好，因為都學過了，但是到四年級時，成績開始下降，因為四年級的教學開始注重主動思考，而他們只會坐在那兒等待老師吩咐。因此，把孩子時間安排得太緊，不但花了大錢，反而害了孩子。

父母可以把不去上補習班的時間用來陪伴孩子閱讀，因為閱讀能力是所有學習的基礎，而增進閱讀能力只有大量閱讀一途，沒有其他捷徑。神經迴路必須持續活化，神經纖維外面包的髓鞘才會變厚，電流傳遞的速度才會快，閱讀的能力才會增進。

剩下的時間可以帶孩子去親近大自然，訓練孩子的觀察力。美國的孩子一週至少有二個小時在戶外，因為陽光對維他命D的形成很重要。維他命D的受體在大腦的神經元和膠質細胞中到處可見，表示維他命D跟大腦的運作有關，如果缺乏維他命D，會影響大腦中多巴胺和血清胺的濃度，這兩者都會影響學習的效果。

演化使大腦對新奇、會動的東西特別注意，在大自然中的孩子，他們的大腦是大量活化的，他們的眼睛會快速將視網膜上的光點送回視覺皮質處理；同時，儲存記憶的地方也會活化起來，將新訊息與已儲存的舊訊息相比較，大腦在學習。辨識能力需從經驗中得來，一個會察言觀色的孩子，他的人際關係會比較好。

在顏色知覺（color perception）上，綠色是撫慰的顏色，紅色是警戒色，大自然的青山綠水會使孩子的心胸寬大，不再為小事發脾氣，同時，大自然的寧靜與美，會陶冶孩子的心靈，所謂「仁者樂山，智者樂水」，這種美育是金不換的。

如同柏拉圖在《理想國》中說的，二十歲以前的雅典公民，只要學習音樂和體育就夠了，音樂陶冶性情，體育增強體魄。

父母若想要孩子快樂、健康，不要把他鎖在教室中，讓他去戶外親近大自然，不但性情變好，身體也強健了，這是一石二鳥呢！

父母是孩子的第一個老師

二〇一八年去北京師範大學，參加大陸家庭教育狀況調查報告的發表會。這個調查做了中國三十一個省，十一萬名的四年級生和七萬多名的八年級生，發現了幾個令人吃驚的現象。

四分之一的八年級生，崇拜影視歌星和名嘴，當媒體的影響力這麼大時，父母要過濾孩子看的節目和玩的電玩遊戲，以免影響他人格的發展。

四和八年級的孩子，都一致抱怨父母只在乎成績，不關心他們的心情和興趣；其中又以西部貧困地區的父母更在乎孩子的成績（這可能是因為他們到現在仍然堅信讀書是唯一可以脫離貧窮的機會）。

幾乎所有的孩子都表示無法跟父母溝通，更不要說談心。很驚訝的是，竟然有九九%的老師也說，很難跟父母溝通，親師不是站在一條線上教育孩子，而是對立，甚至有敵意的相互指控，師道的沒落令人憂心。

絕大部分的父母無法做孩子的榜樣，很多八年級家長在孩子面前說謊、吐痰、插隊、不守交通規則等等。家長的不良行為愈多，孩子愈叛逆，愈不尊敬家長。

調查也發現，父母的閱讀習慣和孩子的閱讀能力成正比，有五分之一的學生家中沒有一本書，有一半的學生家中藏書量不到二十五本。這個不買書的習慣好像海峽兩岸都一樣。但是大人不看書，孩子怎麼會拿書起來看呢？就國家推動閱讀來說，這不是緣木求魚了嗎？

家庭是孩子第一個學習場所，父母是孩子第一個老師，現在我們所見的一些社會亂象，源自家庭功能的不彰。他山之石可以攻錯，我們可以藉它反省自己，有則改之，無則勉之。

教孩子 learning how to learn

在親師座談中，一位家長問：「在這個訊息瞬息萬變的時代，我們如何使學生所學能所用？」這是個好問題，教育者必須要去深思並面對它。

的確，現在知識翻新得太快，學校所教的，學生還未出社會就過時了。也就是說，學生離開學校進入社會所要用到的知識很多還未發明，他要從事的工作也還未出現，所以學校唯一可做的，就是加強學生的基本功——聽說讀寫的能力，基本功打得愈結實，學習新知識愈容易。

二十一世紀講求創新，但在創意出現之前，必須先有扎實的基本功，新意才會出現。創造力有所本，這個「本」就是精熟的技術和跨領域的知識，當神經迴路連接得很綿密時，自然就會觸類旁通了。所以現在基礎的教育比以前更重要，孩子必須透過廣泛閱讀，吸收別人的知識，轉化成自己的想法，才會有創意出來。

目前科技的進步已經到了每一次新技術出現，它就馬上革新原有的方式，達文西手臂是一例，蘋果手機更是一例。

二〇〇七年一月九日，第一次蘋果手機出現，當時，完全沒有人想到賈伯斯一個人就改變了全世界。十年後的今天，很多人出門已經不帶皮包了，只要有個手機，天下去得，我們已經無法想像沒有手機的日子要怎麼過了。所以在現代，教育的重點在learning how to learn，分數和成績已經過去了，新加坡甚至明令學校不可再排名次。

聽和說的能力是天生的，一個孩子只要能聽得見，他就會說話（除非說話的布羅卡區〔Broca's area〕有病變），模仿是登錄在基因上，孩子毫不費力就會說話；讀和寫則不同，沒有人教，孩子進不了閱讀的門（大腦中有語言區，卻沒有閱讀區），有的孩子甚至教了，也不會（失讀症）。因為文字的發明才五千年，就人類歷史來說，太短了，短到來不及登錄到基因上，所以現在的基礎教學著重讀和寫的能力。

過去，我們都假設一個大學畢業生都能讀和寫，想不到並非如此，二〇〇三年美國教育部測試了一萬八千名美國成人的語文（literacy）能力，發現不到三分之一的大學畢業生達到精通（proficient）的程度，五分之一的大學生連基本程度都不到，很多大學生不會看圖表。

最近喬治梅森（George Mason）大學的卡普蘭（Bryan Caplan）教授寫了一本檢討現行教育的書《*The Case Against Education: Why the Education System Is a Waste of Time and Money*》，他本身是加州大學柏克萊的學士，普林斯頓大學的博士，是人生勝利組，卻在教了多年書後，開始質疑大學教育的目的是什麼。他說除了醫學、法律少數專業的領域，大部分的學科教的都是學生畢業用不到的東西。學生在校學的東西如果沒有用到，很快就忘記了。

這本書強調所學必須有所用，這個知識才是孩子的。或許我們的教育部長也該好好看一下這本書。

面對未來，孩子需要基本功與邏輯思考力

我在中正大學教的第一屆學生現在已經四十歲了，他們的孩子也進了國、高中。在一次聚會中，我發現這些父母都非常焦慮，他們自己在高科技領域，很知道現在的孩子畢業後要用的知識還沒有發明，所要做的工作還沒有出現，因而不知道該怎麼教孩子，頻問我：如果未來的人才要像賈伯斯那樣對知識有飢渴，而現在的孩子不要說飢渴，連就擺在面前，都不想學，該怎麼辦？

照說好奇是動物的本性，動物每到一個新的地方一定會馬上去探索，人當然也是。所以要問：為什麼現在的孩子不好奇了？是大人怕孩子受傷，不准他們去探索？還是傳統「有耳無口」的觀念太強，不准孩子發問，把他們天生的好奇心壓抑掉了呢？

我在美國讀書的時候，曾跟指導教授一家人去露營。在路上，他八歲的孩

子不停問問題，我看到父母兩人盡其所知地滿足他的好奇心，孩子問：「為什麼石頭裡會長樹出來？」教授就說：「這樹其實是鳥種的。鳥會在空中大便，因為鳥要把身體不需要的東西排出來丟掉，好飛得更高更快，所以鳥的骨頭是中空的，因為愈輕愈好飛。果實的種子通常不容易消化，就會隨著糞便排出，這顆種子正好掉在石頭縫裡，凡是生物都有生長的欲望，芽會往上長，根會往下伸，植物的根含有酸，會酸化石頭，它就在石頭裡住下來了。」爸爸的不厭其煩令我驚訝，我以為他會說，爸在開車，不要吵，所以心中暗喜，知道找對了老師。

到了營地後，孩子果然特別去注意本來不該長出東西的地方，對根有這麼大的力量非常好奇，開始對酸有興趣，現在他是一位有名的化學教授了。

後來我有了小孩，他進了小學時，有一天，老師發給每個人一顆酪梨種子，要他們用三根牙籤把種子架在優格瓶裡，放在窗戶旁，每天觀察。一個月後種子發芽了，孩子問：為什麼要用優格瓶而不用玻璃瓶？老師說：植物有背光性和向水性，根喜歡暗，優格瓶不透光比較好（背光性），瓶子有水，根會朝有水的地方伸去（向水性）。我們小時候，課本雖然也有教，這個知識卻是背來的，不會主動去用它。

所以要引發孩子求知的渴望，父母要從滿足他的好奇心開始，一個問題引發另一個問題，讓他去思考，得出他自己的答案。如果小時候沒有這個機會，上學後，老師要的又都是跟課本一樣的標準答案，孩子就學會了背答案可以得高分，自己思考反而會扣分，就變成我們現在看到的，對學習沒有興趣的機器人了。

因此，在二十一世紀教育孩子，只要強化他「聽說讀寫」的四種基本功，再培養他邏輯思考的能力就行了。一個會溝通，會思考，又有學習新東西能力的孩子，未來的世界是他的。

自製玩具更能增進親子感情

我去馬來西亞的僑校演講時，有位老先生前來送我一些他自己做的玩具。我一看，都是我小時候玩過的東西：竹子做的水槍、樹枝做的彈弓，竹筷穿過橡膠樹種子，再綁上橡皮筋做成會飛的蜻蜓，真是又驚又喜。我把它們帶回來給我的學生看，想不到他們都不認得，更不要說玩過，讓我非常感慨。

現代孩子的玩具都是買的，每個都一樣，玩一玩沒有新奇感就不要了，但是自己做的，不但就地取材，不會造成塑膠污染，還可以啟發孩子的創造力。

英國有一個研究，請二千名家長列出他們最希望孩子玩的玩具，結果黏土、彈弓等傳統玩具名列前茅。其實跳繩、官兵捉強盜等團體遊戲，更可以促進眼手和肢體的協調，因為神經的連接需要不停活化才會綿密，神經纖維外面包的髓鞘才會變厚，使訊息傳遞得更快，孩子的反應更靈活敏。

小時候我媽媽做饅頭時，都會留一些麵糰讓我們玩，隨便捏什麼都可以，玩夠了，母親就把這些捏麵放進蒸籠裡去蒸，分給我們當晚飯吃，既沒有浪費食物，又滿足了我們的創造欲。現在想起來，捏麵對我們手腳的靈活度比玩黏土還更好（黏土不能吃），我母親從來沒有學過兒童教育，但是她養育我們的方法非常符合現代科學的原理。

所以花錢買現成的玩具和鼓勵孩子自己動手的優劣，一比就知道了。父母不妨週末坐下來，教孩子如何利用周邊現成的材料自製玩具，這樣既省錢又活化了孩子的大腦，還增加親子的感情，何樂而不為呢？

錯誤觀念會耽誤孩子的一生

我從北京回來時，注意到飛機上坐在我旁邊的小姐，只要拿東西都是左手先出，馬上縮回，再換右手出去接。她告訴我，她是天生的左撇子，但是母親硬是要把她改成右手，每次左手伸出去，母親抓起東西就打，想使她因痛而不敢用左手。可是她左手的傾向很強，每次要拿東西時，左手一定先出去，但因怕被打，在她媽媽抓到東西打她之前，趕快把左手縮回來，換右手出去，變成現在這個很奇怪的樣子。

我聽了很感嘆，大人正確的觀念實在太重要了，這位媽媽把一個好好的孩子打成了神經質。其實早在遠古時代，就已經有左撇子，考古學家從石器時代山頂洞人所用的工具中，發現有七五％是右手人使用的，二五％則是左手人使用的，跟現在的比例一樣。左手人有基因上的關係，左手人的家族中一定有人是左撇子。左手人的右腦比較發達。既然是天性，硬改只會影響孩子的情緒，徒增煩惱，是完全不必要的。

後來我去參加一所小學的親師座談會，有一個媽媽趨前問我：左手人是否比較短命？智商會不會比較低？比較孤僻、不合群？我馬上想起飛機上那位女孩，反問她：你說呢？她說她女兒是左手人，很抗拒被改。她怕她女兒慣用左手以後會嫁不到好先生，因為很多有錢人家不願娶吃飯時手會跟別人打架的媳婦。為此，每天親子大戰，兩人都很痛苦。

左手人絕對沒有短命，這是完全沒有科學證據的迷思。就以我們所知道的美國總統來說，歐巴馬是左手人，克林頓是左手人，布希是左手人，雷根也是，福特總統和把麥克阿瑟免職、不准他打過鴨綠江的杜魯門總統，都是左手人。美國歷史上左撇子的總統很多，他們都沒有短命，也沒有智商情商不好（不然怎麼會做總統？）更沒有因為左手而娶不到太太。而且如果左撇子短命，那麼改成右手還不是一樣短命？父母的錯誤觀念會耽誤孩子的一生。

左手人因為跟別人的動作不一樣，有時更有利。棒球名人王貞治就是一個好例子。王貞治是左手人（他的外公也是），他生在一九四〇年代的日本，日本非常保守，他的母親把他的左手綁在樓梯上綁了六年，硬是把他改成右手人。後來，王貞治高中參加棒球隊時原本是左投右打，教練發現他其實是左撇子，就建議他改成左投左打，用回左手打擊，讓他發展出著名的稻草人擊球方式，反而成就他輝煌的棒球生涯。

左手人不會特別短命，沒有寫字不好看，沒有智商和情商低，沒有……，父母千萬不要道聽塗說害了孩子，父母應該讓孩子用最發達的腦去做事才會事半功倍。

左手人就跟右手人一樣可以活得幸福快樂，只要我們不去找他們的麻煩。柳宗元早在〈種樹郭橐駝傳〉中就說了，種樹要活，要順其天性，不要一直去挖起來看它長根了沒有，教養孩子也是一樣。順其自然，才會得其所用。

因材施教，父母親人生的智慧

快過年了，照例大掃除一番，我搬下櫥頂多年未動的幾個紙箱，心想三年沒用的東西應該可以丟了。想不到打開一看，裡面是父母寫給我的家書，這些信件跟著我從美國東部搬到西部，又飄洋過海回到了台灣，是陪伴我成長的寶貝，幸好當時把它帶回來了。

我去美國留學時，才二十二歲，大學剛畢業，沒有任何社會經驗，父母怕我無知遭人騙，更怕我誤入歧途，因此每週會寫一封信給我，我必須按來信逐一回信，不僅是報平安，也讓父母知道我在美國的生活。信寫得最多的是父親，因為母親還有很多家事要操勞（母親的信常是各色墨水的集合，她是有空時寫一段，十天左右才能寫滿一張郵簡）。父親則是每天吃過晚飯，散過步後，就固定坐在書桌前面給我們每個人寫家書，告訴我們台灣發生的事，怕我們出國久了，跟台灣生疏，最主要是藉著評論時事，告訴我們應該怎麼做人做事。當最小的妹妹也出國念書後，父親就不再每週每人一封信，他用「共覽」，即在加州的我和小妹一起看，在芝加哥的大姐和三妹一起看，因為一週六封家信對體力是很大的負荷。

父親八十大壽時，我們都去芝加哥慶祝，我在大姐家看到父親寫給她們的信，發現沒有重複的話。他依我們的個性，囑咐我們的話語不同，父親是我看到第一個因材施教的人。

重讀這些家書，我發現，雖然過了五十年，父親當年的話，在現在還是很有用。例如，初去美國那一年的聖誕節，指導教授請我去他家過節，我不想去，因為人生地不熟，不會喝酒，英文又不好，做壁花會很痛苦。父親叫我一定要去，他說「行動三分財氣」，呆坐在家裡，機會不會從天上掉下來。他叫我去認識朋友，告訴我「朋友是永遠的財富，財富不是永遠的朋友」。他說作客遲到不禮貌，凡事寧可早，不要晚，一旦遲到超過十分鐘，就要立刻通知對方，免得對方枯等或擔心；做錯事，要跟人家道歉，道歉時，眼睛要看著對方，表示你的誠意；碰到三姑六婆包打聽，追問結婚了沒有、有沒有男朋友，不想回答的時候，爸爸說：先微笑，謝謝她的關心，然後馬上走開。

父親非常堅持出去玩時，要各付各的帳，不要讓人家請，因為金錢債好還，人情債難償；若有人跟你借錢，不要他還才可以借，要他還便不可以借。母親則叫我不要愛惜勞力，多做多學，力氣用完，睡一覺又回來了。這些忠告，點點滴滴造成了現在的我。

家書不只是報平安，也是維繫親子感情的方式，打電話固然很好，可惜聲音是一陣風，音波消失，訊息就無影無蹤。書信不一樣，北宋司馬光的〈訓儉示康〉到現在還在影響著我們。

這些家書是父母親人生的智慧，我很慶幸數次搬家都保留下來了，這些書信會是以後我給兒子最寶貴的禮物。

天下沒有不可教的孩子

助理興沖沖抱著一個紙箱進入辦公室，大聲喊道：洪老師，冷凍食品包裹。立即，辦公室中所有的頭都抬了起來，因為所裡有個不成文的規定──凡是食物，見者有份。我一看寄件者不認得，心中閃過一個念頭，紐西蘭剛爆炸過，不會是炸彈吧？隨後又自我解嘲，未免太杯弓蛇影了，我們無權無勢，誰要花錢寄包裹來害我呢？但是念頭一出現，人就會不由自主地受它影響（這是讒言的可怕），我便把包裹拿到外面走廊去拆，免得傷及無辜。

一拆開，一隻凍得硬邦邦、連頭帶雞爪的全雞躺在紙箱裡，我真的大吃一驚，什麼人送一隻全雞給我？真的了解我的朋友，會燉好了送來。再翻翻，箱底有一封信，還有一張照片。我一看，高興了，這隻雞可以安心吃了。

許多年前，我去一所山地的小學演講，下車時，看到一個身上綁著一張椅子的小男孩在山上飛奔，後面好幾個老師在追。我瞪大了眼睛不敢相信這個山地奇觀，最後是校長親自出馬，把他抓到，帶回辦公室。一進去校長就鎖門，生教組長就來抱著他，因為這孩子反應奇快，怕他又跑了，我看了不禁大笑起來，這豈不是跟《西遊記》裡面說的一樣，妖怪把唐僧緊緊抱住，生怕孫悟空又來偷嗎？

細問之下，才知道原來這孩子精力充沛，上課坐不住。隨時爬起來跑，老師只好把他綁在椅子上，但是他力大無窮，常常揹著椅子跑給老師追，每天上學都要演官兵捉強盜，讓老師疲於奔命。

我想起有好幾個研究都指出，運動可以使過動兒的大腦分泌多巴胺而使他安靜下來，運動完的孩子情緒比較穩定、愉快，比較能夠安心聽課，尤其醫生開的利他能也就是使過動兒大腦中的多巴胺比較多，用運動的方式沒有副作用又有同樣的效果，何樂而不為？

我勸老師讓他把學習重點放在發展體育上，並幫他買了一雙球鞋，答應他，如果他能好好坐在教室中上課，不吵不鬧時，我下次上山會給他買雙溜冰鞋（因為老師說他最想要的是一雙直排輪）。用這個方法，老師把他多餘的精力導向運動，訓練他參加比賽，他也的確是可造之材，每次出去比賽都會得獎，獎盃帶給孩子榮譽感，讓他知道自己有所長，慢慢培養出自信心。當他繼父對家裡新收養的狗說不要跟他在一起，免得被他帶壞時，他悲憤的在山中跑了三天，卻沒有離家出走（他的繼父成功用此法趕走了他的姐姐，使她成為了雛妓，後來死於毒品過量）。他碰到很多好老師，大家幫助他用優秀的體育成績保送體專，因此他只要回山地，便會去看這些老師。

他現在一方面做教練，一方面與人合夥養雞。信中說，他最近回去看老師時，老師與他談到他的第一雙球鞋，他動了念頭寄雞給我，希望我的牙齒還能嚼得動。

我看了信，真想把這隻雞供起來，讓天下的老師知道，這就是做老師最大的回饋，天下沒有不可教的孩子，孩子要的就是一點點的關心與肯定，如此而已。

父母大聲吼叫，只會使孩子更恐懼

一個家長很煩惱的來問我，為什麼孩子屢罵不聽？而且罵聲愈大，愈不聽？

這是因為聲音太大時，孩子天生的自衛本能會把耳朵關掉，聲音有進來，但是大腦不處理了，正如小嬰兒若掉到水裡時，會自動把口鼻關掉，讓水進不去。巨大聲響在演化上是凶兆，動物會驚嚇僵住，身體馬上從副交感神經轉換到交感神經來運作。消化、排泄等日常生活的活動會立刻停止，心臟狂跳，將血液送往四肢，準備逃命，大腦中是一片空白，瞳孔放大，盡量收入跟生命有關的危險訊息，心臟狂跳，是為了盡速交換氧氣並將帶氧的血液送到四肢，使逃命的奔跑可以持久；膀胱的括約肌放鬆，排出尿液，因為水很重，逃命時不必帶著不要的水來負擔。

因此父母大聲吼叫，只會使孩子更恐懼，僵住不能做反應，九〇年代有部電影《油炸綠番茄》，片中小孩子在鐵軌上玩，火車來了，司機緊急鳴笛，想不到笛聲音很大，孩子反而僵住（freeze）不會反應，結果被火車壓死，噪音會使孩子焦慮沒有安全感，大腦會分泌腎上腺素使孩子焦慮，而交感神經的戰或逃的選擇，使很多孩子趨向打人，來發洩他的恐懼，所以大吼孩子不但沒效果，反而有反效果。

從表面上看，父母大吼時，孩子好像立刻變乖，停止了動作，但是那是生物逃命的本能反應，他當下學不進去，無法知道下次不要做或是錯在哪裡的原因。父母必須輕聲細語，在孩子不恐懼時，慢慢說給他聽。沒有解釋理由，只是強制禁止某個行為，只會加深孩子青春期時的叛逆。

近年來的許多研究都發現，學習有兩個要件：情緒和動機。孩子必須先不恐懼才學得進去，我們小時候都有這個經驗，被老師叫到黑板上去解數學題目，當太緊張時，兩眼就發直了，明明就是看著數字，卻不知它是什麼，再簡單的題目都不會做了。所以要教孩子道理之前，絕對不能先罵先吼使他心生恐懼。

教導孩子情緒最重要的方式，就是家長自己做榜樣。研究發現，孩子需要在安全的環境裡，才能充分表達出他的情緒，如憤怒、失望、悲哀和傷痛。父母不但要教這些感覺的名字是什麼，還要教他如何用語言來表達出情感，哭是沒有用的，哭並不會使人了解他的委屈。

因為幼兒園的孩子還無法理解很多大人的言語，最好的方式是透過親子共讀，用說故事的方式來教孩子如何表達情緒。其實，在早期沒有繪本童書時，大人就是用說故事的方式來教我們的。也就是「說別人故事，教自己孩子」，先說別人如何如何，然後用後果來教我們正確的待人接物應對方式。

教養孩子不必大吼大叫，傷孩子的耳膜也傷自己的喉嚨。最近研究發現，一歲時父母有念書給孩子聽的家庭，三歲時比較不需動用到打罵，孩子便能聽話、有規矩。書的作用不可忽視，潛移默化是最有力的學習方式，父母不妨放棄吼叫，改用親子共讀試試。

教孩子做人的道理

最近二個朋友因為金錢借貸而反目成仇，不但互相指控背信，還把過去是閨蜜時所講的話都公布出來，互挖瘡疤，非常不堪。這使我想起當年出國留學時，我父親在機場交代我的話。

他說：出社會後，一定會有人跟你借錢，你若要他還，就不可以借，不要他還，才可以借。很多人借錢時的理由跟他後來拿去用的理由是不同的，但是我們常會因為救急（如生病）才肯借錢給別人，如果後來發現原來是藉口，自己受騙了，那麼這種被欺騙的感覺會使友誼蒙上陰影；即使後來還錢了，這個不舒服的感覺還是在，會形成心結，最後友誼一定會破裂。但是如果你一開始就不要他還，你就不會因為他的用錢方式或藉口而生氣，友情就保留下來了。這是人性，你要記住。

到美國不久，果然就碰到我父親講的事了。二個台灣同學為借來的錢應該怎麼用而大打出手。當時一位同學向另一位借錢去請女朋友吃飯，因為這個女生說她要吃龍蝦，而當時一客龍蝦要美金十三元，是我們窮苦留學生半個月的菜錢。當然借錢時的藉口是母親生病急需醫藥費，所以那個好心的同學二話不說，就把銀行的存款提出來借給他，後來發現他不是寄錢回台灣，而是請女朋友上館子吃龍蝦，就大怒，因為他自己也捨不得吃龍蝦。兩個人在宿舍大打了一架，我才知道老人家的人生經驗是多麼寶貴，再多金錢也買不到的。

所以不是送孩子去安親班就好，父母更要把孩子留在身邊學做人的道理，假如這兩個朋友的父母當年有把自己的經驗傳下去，這個讓外國人貽笑大方的憾事便不會發生了。

補救教學只能上國英數？

有一位國小輔導主任問：補救教學為什麼不能教魔術、科學實驗、球技等學生想學的東西？

原來教育部規定，補救教學只能上國語、數學、英文，但他的學生根本不想上這些本來就聽不懂的課，他得到處去抓翻牆逃走的學生，這項規定讓師生都很痛苦。

過去認為，如果不懂就加強練習到會，忽略了心理狀態。恐懼會使孩子排斥，耳朵有聽沒有進，但是讓孩子發展出他的長處後，自信心會把短處帶上來，原本不會的就會了。吳寶春便是一例。

我在念研究所時，老師曾要我們設計一個使動物被動運動的實驗。大家想了半天，也抓老鼠來試了半天，都不成功。原來答案是不能，除非性命交關。

像是把老鼠丟入水盆，牠為了活命，只好拚命的游。但這種被動的動，對學習完全無效。這隻老鼠學會的是肌肉的連接，而不是概念，牠知道從正南下水，向右邊游，在東北角的水下有一個平台，牠爬上去，就不會溺死。但是把牠從正北放下水時，這隻老鼠就淹死了，因為牠沒有學到概念，不會變通。就像數學用背的，老師只要一改題目方式，又不會做了。

因此老師若不能引發孩子學習的動機，再多時數的補救教學都無效。目前學校的做法是挖東牆（遊戲時間）去補西牆（國語、數學），孩子不但沒學到東西，反而犧牲了遊戲時間，是非常的不智。因為研究發現遊戲時，大腦會分泌它自己衍生的神經滋養因子BDNF，這個BDNF可以使神經細胞長出新的分支，幫助電流傳送的更快，還可以啟動基因製造出更多的BDNF、血清素和蛋白質出來，所以遊戲對大腦的發展很重要。

孩子是在遊戲時，完成他的社會化，也是在遊戲中，學會自制和紀律。會玩的孩子EQ高，而且想像力豐富，想像力是創造力的根本。所以剝奪孩子遊戲時間去重複學他不想學的科目是徒勞無功，而且使他們痛恨學習。

六十年代有部電影《吾愛吾師》，薛尼鮑迪飾演倫敦東區貧民窟一所中學的老師。他的學生對學科不感興趣，上課鼓噪不想聽。薛尼鮑迪想到他們將來都要為人父母，要在社會上謀生，就拋開課本，教他們生活的禮儀，如何用最少的錢過日子，帶他們去大英博物館增廣見聞，這些學生因為所學能所用，意願馬上高起來，即使父母要他們在家照顧嬰兒，她們還是把嬰兒帶來教室，因為不想缺課。所以只要讓學生看到學習的意義，沒有不可教的孩子。

教育是因材施教，不可拘泥於死板的規定。

親子共讀，可以改變孩子行為

在所務會議上，一位同事拿著最新一期的美國小兒科期刊興奮的跟大家說：虐童案有解了。

原來羅格斯（Rutgers）大學醫學院的教授調查了美國二十個大城市，包含不同種族和社經地位的二千一百六十五對父母，記錄他們每日讀書給〇歲和三歲孩子的次數和時間；二年後，再去回訪這些父母，看他們需要用打罵來管教孩子的頻率。結果發現，有念書給孩子聽的父母，比較不需要動用到打和罵，孩子就會聽話，也就是說，靠著念書就能做到《顏氏家訓》的「有為則為，有止則止」，也能「識人顏色，知人喜怒」。這讓研究者驚喜，因為這是第一次發現親子共讀可以改變孩子的行為。

的確，孩子可以從故事中別人的行為來學習自己的反應，例如「狼來了」

這個故事就教孩子不可以說謊，不然羊會被狼吃掉；「小紅帽」的故事讓孩子知道，父母交代的事要馬上做，不可邊走邊玩，也不能把自己的事隨便告訴陌生人。

我小的時候，台灣沒有童書，更無繪本，大人講故事多是隨口編或戲劇的故事，因此都是忠孝節義等做人的大道理，這也使得中國文盲雖多，傳統的價值觀卻可以世世代代留傳下來。

我父親則是從古書裡去找靈感。比如說，他講過《禮記．檀弓》「齊大饑」的故事：齊大飢，黔敖為食於路……。黔敖左奉食，右執飲，曰：「嗟！來食。」飢者曰：「予唯不食嗟來之食，以致於斯也。」從而謝焉，終不食而死。父親說黔敖其實是好人，只是沒有修養，不會說話，他說愈是有志氣的人愈不能忍受別人不禮貌的施捨。但是黔敖的好處是做錯了，立刻道歉，可惜那個人已經生氣不肯吃了。他教我們「己所不欲，勿施於人」，要想到有一天我們也可能挨餓。

後來我也把這故事講給我兒子聽，結果我們去歐洲時，我發現他看到街頭藝人在表演，就走過去，把銅板輕輕放入盒子裡，因為他了解他們是用技藝在賺錢，跟我教書用知識在賺錢一樣。

所以念故事給孩子聽，不但豐富他的詞彙，激發他的想像力，還教導他做人做事的道理，只是我們沒有想到去做實驗來證明它有用。

這時，一個教授冷不防問道：「你們如何讓一個不讀書的父母願意念書給孩子聽？」大家突然語塞，是的，問題的癥結就在現代的父母是「滑世代」不是「讀世代」，故事再好，父母不說也是枉然。

一位台北醫學大學的年輕老師說，他們在偏鄉有一個計畫，當父母抱著嬰兒來打預防針時，由衛生所免費提供布做的書，叫父母帶回去讀給孩子聽，因為是醫生的交代，很多父母就會照做。他說父母一開始不習慣，但是後來看到孩子喜歡聽，行為有改變，就會回去衛生所換更多的書。孩子從書中學會問候語、道謝語和各種禮貌，走出去一眼就看得出和沒參加計畫的孩子有不一樣。

或許，與其立法嚴懲虐童的父母，不如從根本做起，推動親子共讀，當父母有教養了，孩子乖了，也就不需要用暴力來修理孩子了。

家暴虐童頻傳，根本原因是經濟

過年時，幾位在當老師的學生聯袂來拜年，談到最近發生的虐童事件都憂心忡忡，說只靠通報和查訪緩不濟急，因為傷害已經造成了。一位做輔導的學生說，她所接觸到的個案大多是親人動手，大人失業酗酒，喝醉了就打孩子。她說有個學生媽媽是外配，靠打零工為生。只要太累或有壓力，回家看到孩子成績不好就會毒打孩子，恨他不爭氣，打完又抱著孩子痛哭。她說：經濟壓力是家暴的主因。

是的，有研究發現家暴跟父母的壓力有關，壓力會提升動物的攻擊性，因為攻擊性能減輕壓力。電擊一隻老鼠後，牠的糖皮質素濃度和血壓會上升，牠會猛吃東西、啃木頭來緩解壓力，但最有效的方式是去咬另外一隻老鼠，愈用替代性攻擊，體內的糖皮質素愈低。

高階的公狒狒在打輸了以後，會去打另外一隻低階的公狒狒，這隻公狒狒又會去打在旁邊的母狒狒，母狒狒轉頭就去打小狒狒出氣。人類也是這樣，經濟衰退時，配偶和孩子受虐的比例就升高。例如本地足球隊無預警輸球時，家暴的比例就上升一〇％（如果贏球或本來就預期會輸，就不會上升），賭注愈高，家暴愈兇。如果輸給對頭的球隊，家暴上升二〇％。

壓力會使人的同理心降低，變得自私。糖皮質素上升的愈多就愈自私。緊急時，人常顧不得文明或風度涵養，寧可死道友，不要死貧道。加上痛擊別人可以活化多巴胺的報酬神經迴路。所以要減少虐童案，釜底抽薪的方式是拚經濟，老百姓有飯吃，生活壓力小，就不必打小孩出氣了。

紓解壓力的另一個方式是調節情緒——「換個方式思考」。實驗發現，電腦螢幕上一出現圓形，電擊隨之就來，所以受試者一看到圓形，負面情緒的杏仁核就馬上活化，壓力就出現。但是只要教受試者換個方式思考，來打斷這個恐懼聯結，一看到圖形，馬上去想中樂透的愉快事。這時內側前額葉皮質的活化，可以降低杏仁核的活動，壓力就會減少。不過這個方法要靠個人的修養，不如改善經濟「貨出去，錢進來」有效。

家暴背後有很多原因，貧賤夫妻百事哀是其一，期待政府拿出可行的經濟政策，給弱勢孩子一個長大的機會。

重視教育的國家才有前途

最近一再發生父母虐死親生子女事件，甚至有父親捏斷一個月大親生兒子手腳的慘事，使現代的兒童更需社會和法律的保護才能長大。其實很多的受虐早有跡象，只是社工人員不足，來不及事前防範，只能坐等悲劇發生，令人扼腕。

二〇〇〇年諾貝爾經濟獎的得主海克曼（James Heckman）指出，國家的投資報酬率在零到三歲時最高，投資一塊錢，可以回收十八塊錢；三到四歲，投資一塊錢，回收七元；小學時，投資一塊錢，回收三元；大學時，投資一元，回收一元；到成人時，這個投資是負回收了。

猶太的《塔木德經》也說：「一個不重視教育的民族，是一個沒有前途的民族。」猶太人能在亡國二千年後再復國，跟他們很重視教育有關。所以有遠見的國家都編列大筆的幼兒教育和福利預算，知道教育好兒童，將來國家會更有錢。教育本來就是一個穩賺不賠、一本萬利的投資，只有被私利矇住心的政客看不到。

研究又發現，八〇%的犯罪者來自破碎的家庭，童年的受虐會改變大腦的結構，在不同的生命期，壓力對大腦部位傷害的程度不同：幼年期受虐，掌管記憶的海馬迴會變小，因為海馬迴是在四歲到五歲左右才發育成熟，當大腦大量分泌皮質醇來對抗壓力時，海馬迴的發育就不良了；但是如果在青春期受到性侵害，那麼前額葉皮質的體積會縮小，因為它是在出生後才開始發育，幼年期的速度慢，青春期才開始，而前額葉皮質正是我們計劃、策略、情緒控制的樞鈕。哈佛大學醫學院更發現，霸凌會使連接兩個腦半球的胼胝體縮小五%，小腦蚓部血流量少，自殺念頭比正常兒童高四到五倍。壓力也會殺死海馬迴的細胞、降低孩子的免疫力，所以受虐兒常易感冒、瀉肚子。

其實語言暴力的傷害比身體還更深，所謂「良言一句三冬暖，惡語傷人六月寒」，「利刃割體痕易合，惡語傷人恨難消」。最近有位讀者投書，老師對全班同學說他小學一年級的兒子是「頑劣份子」，因為小一的學生還聽不懂什麼叫頑劣份子，回家來問父母：是不是我很愛玩，上次玩到褲子裂開，所以老師叫我頑劣份子？也有家長說，老師在孩子二年級時，就給她貼標籤說她有反社會人格，要家長注意，不要讓他女兒帶壞別的同學。這些都是殺傷力極強的語言霸凌，父母老師都要極力避免。

孟子在《離婁篇》中說：「天下之本在國，國之本在家，家之本在身。」所以父母很重要。教育家陶行知說：「老師手裡操著幼年人的命運，他便操著民族和人類的命運。」所以老師也很重要，但是這兩個支持孩子飛翔的翅膀，若沒有國家提供可以起飛的風力，也是枉然。

教育的重心應該放在小學而不是大學，國家應投資在孩童身上，不要因為他們沒有投票權便忽略他們。國家要保障老師的退休金，使他們可以安心教書而無後顧之憂，社會應給予兒童良好的成長環境，使他們不受政治的汙染而有正直的品德。《塔木德經》的那句話已經在猶太人身上得到了印證，為什麼我們還是不重視國家未來主人翁的教育？

豬是被罵出來的

有一天放學時，我在公車站聽到一個媽媽在罵孩子：「你豬啊？什麼都不會，就只會耍寶！」孩子反唇相譏說：「就是因為什麼都不會，我只好耍寶！」聽到他們的對話，我有點難過，因為耍寶的孩子是可憐的，他們臉在笑，其實心在哭，因為人都盼望別人的認同與友誼，嘲笑自己其實是最不得已的方法。我們應該要同情他，而不是責罵他。

研究發現，大部分的人在成長的過程中，都有不被人注意的經驗：或許是因為功課不好、家世不好、長得不好……，總之就是一無是處，別人的眼光都在他人身上，不在自己身上。因此，很多孩子會為了博取老師和同學的注意，而去耍寶。

這種徬徨，不知道自己是誰的痛苦，連拿過美國心理學會（APA）最大獎的茱迪．哈里斯（Judy Harris）都說，如果人生可以重來過，她希望跳過青春期，直接成為大人。

其實，這個媽媽應該找出孩子的長處，幫助他把長處發展出來，一旦有了自信，他就不必耍寶了。但是如果不能也沒關係，人生沒有白走的路。美國好幾個著名專欄作家都在回憶錄中說，他們當年因為耍寶，才走上幽默作家之路。

聯合報包可華（Art Buchwald）專欄（何凡翻譯）的作者便是一例。他在孤兒院長大，所以一切都不能和有父母的同學相比，連身上的衣服都是別人不要的救濟衣，他不願被別人憐憫就只有先發制人，在別人嘲笑他之前，先嘲笑自己。

另一個是大衛．貝瑞（David Barry）。他在念中學時，功課不好，運動也不行（在美國運動員比功課好的學生，更吸引女生注意），想打籃球，身材不夠高，想踢足球，身體不夠壯，什麼都不行時，只有靠耍寶來引起女生注意。每次別人大笑，他內心都在淌血，恨自己文不文、武不武，一無是處。他成名後，有一次上電視接受專訪，不經意說出了真心話：「我終於可以不必靠嘲笑自己來引起別人注意了。」

真正的自信，來自同儕對你長期的肯定，不是早期輔導手冊上說的：早上起來對著鏡子大叫三聲：我最棒、我最好，我就會有自信——那是自欺欺人，沒有實質的虛張聲勢，被戳破後，傷害更大。青少年是從父母的眼睛、老師的眼睛和同學的眼睛來看他自己是誰，所以這個時候大人的態度最重要。

有一個媽媽說，他兒子的導師天天在班上跟學生抱怨校長不公平，把全校最爛的班級給她教。她的孩子聽久了，便認為自己比不上別班的同學，功課開始一落千丈，對學習不再感興趣。她問該怎麼辦？

我也不知道，看起來只有轉班或轉校一途，因為六〇年代的心理學有個自我實現（self-fulfillment）的實驗，如果每天罵孩子是豬，孩子最後會變成豬。所以英國諺語「父母對孩子的態度決定他的命運」。孩子小時候可以成為任何他想成為的人，我們大人的手把他塑造成最後的他。

如果每一句負面的話，需要四句正向的話才能抵消它的影響，我們怎麼可以動不動就罵孩子是豬而不期待他變成豬呢？

人生的大智慧該如何教呢？

父親晚年交代我們，即使母親百年之後，房子也不要賣，因為「父死路遠，母死路斷」，房子在，我們隨時有家可以回，不會走投無路。

現代人大概沒有聽過這句話了，以前這是很殘酷的事實：父親死了，長兄當家，嫂嫂不歡迎小姑回來，回家的路就遠了；母親死了，親族的維繫核心不在了，回家的動力就淡了。但是只要有住的地方，日子再苦都可以過下去。

父親交代的事我們一向照做，直到最近小妹來信說母親過世十年了，房子長期沒有人住容易壞，要不要約個時間，大家一起去把房子處理一下？的確，大家都忙，一年難得回去住幾天，不如趁過年有假，把裡面的東西收一收。

因為家中一直保持著父母當年在世時的情況，所以進門常會忘記父母已走，這種安全感支持著我們度過大風大浪。人會恐懼主要是不知道該怎麼辦，如果知道方法，兵來將擋，水來土掩，心中自然就不怕了。

人到齊後，我們就開始分工，每人負責一個房間，父親生活規律，做事井井有條，所以收拾起來不吃力，很快就收完，大家坐下來泡茶時，小妹突然問：爸爸每天寫日記，為何沒有看到任何一本日記？大家聽了都跳起來，到自己負責的房間再去巡一遍。但是真的沒有，這時我想起來了，每年過年給祖先燒金紙時，父親都會多燒一些其他東西，因為在後院，我們沒有去注意，現在想起來應該就是日記。

為什麼要燒掉？這是父親的遠見，不要留下任何不要給別人看的東西，父親是念法律的，知道大部分的預謀殺人是勒索未遂，勒索是個無底洞，填不滿時，只好同歸於盡。

父親知道人心不可以測試，即使親兄弟也會因錢而反目，因此凡事都要未雨綢繆。至於錢，不該你的錢，就算放進口袋了，還會磨個洞漏出去。他很欣賞林則徐的「子孫若如我，留錢做什麼？賢而多財，則損其志。」如果子孫不成材，那更不能留錢，「愚而多財，益增其過」。人只有花自己勞力賺來的錢才心安理得。

他告誡我們遭到挫折時，不要隨便抱怨，話一出口，就失去了主控權。朋友再好，一旦反目成仇，就被他挾持了。有事要回家跟父母講，因為父母不會出賣你。若父母不在了，可把心中之事寫下來，書寫可以整理思緒，自己斟酌處理。一年終了，拿出來檢討一下，受人的恩惠記在下一年的日記上，有機會要報答，受委屈的事隨著日記燒掉，「風來疏竹，風過而竹不留聲，雁渡寒潭，雁去而潭不留影」，不要讓不愉快的事繼續腐蝕你的心。心胸寬大才會有福報。因為父親是過完二〇〇二年走的，所以沒有日記留下來。

在回程的路上，我在想，我念了四十年的心理學，依然沒有搞清楚人性，常常吃虧上當，父親憑著他的斷案經驗洞悉了人生，給自己減少了許多煩惱，真是大智慧，只是這種智慧要怎麼教呢？

關於思辨

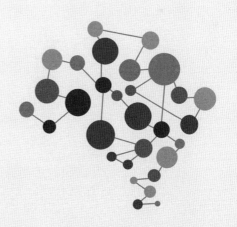

獨立思考的能力

一個已經在大學教書的學生回學校來找我，充滿挫折的問：老師，人性是愚昧的嗎？為什麼人們寧可相信八卦的無稽之談，卻不肯相信科學的證據？

原來她的同事替孩子報了松果體開發課程的名，上完六次課後，發現孩子的記憶、注意力和學習狀態並沒改變，也沒有開天眼，更沒有用摸的就能認字，白白繳了七萬九千二百元的學費。覺得受騙了，就來找她，詢問什麼是松果體，次數多了，讓她不勝其煩。

她問：老師，為什麼父母的錢這麼好騙？他們連上網去查一下松果體是什麼都沒有，就掏錢報名？這六堂課是我一個月的薪水，如果八萬元就可以開天眼，這價格豈不太便宜了？我們的教育究竟在教什麼？知識份子應該要有獨立思考的能力，他們的慎思明辨到哪裡去了？為什麼隨便就被人騙去？

看到她激動的樣子，我只能苦笑，台灣騙子特多，天天都有人被騙，我有朋友被騙怕了，搬回美國去了。這究竟是我們太天真善良，還是我們的教育不到位？

針對父母望子成龍、望女成鳳的心態，台灣有很多匪夷所思、完全沒有科學證據的大腦開發課。三十年前，榮總神經內科主任胡漢華醫生曾站出來說明，沒有右腦開發、沒有皮紋測腦紋、沒有只用一〇%的大腦……等等迷思，但是開發大腦的補習班依舊生意昌隆。

我自己每次演講，都從大腦結構和功能來說明，兩個腦半球如果沒有把中間的胝胼體剪開，是一致對外處理訊息的，不可能有完全用左腦或右腦的人（我曾碰過某博士很得意的說他是右腦人，我當場很想問他，那你的左腦廢了嗎？）。我們在成長時的教育課程忽略了大腦的教育，其實既然人都有個大腦，何不教些正確的大腦知識，避免父母因無知而被騙？

我無法想像，到現在還有人相信我們只用到一〇%大腦的這個迷思。大腦是整個身體用掉最多能量的器官，雖然只有三磅，占體重的二%，卻用到二〇%的身體能源。因為大腦的資源不夠，我們六〇%的行為是習慣化的行為，以節省能源。它是台語：「生吃都不夠，怎可能拿去晒乾？」的最好例子。

當然也沒有絕對的左腦人和右腦人，人類同時使用兩側大腦處理所有的認知功能，左腦和右腦的區別是訊息一開始進來時，左腦對語言、右腦對情緒和空間有優先處理權而已。訊息在千分之二秒後，馬上就被整合，然後統一，一致對外。

至於腦大等於聰明的說法，腦體積與智商之間的相關只有〇．三四，即只有一二%的智商，可以歸因到腦的體積。腦最大者為俄國的屠格涅夫，二〇一二克；最小是非洲俾格米（Pygmy）黑人，愛因斯坦的腦只有一二三〇克（一般人是一三五〇克），而一九二一年諾貝爾文學獎得主佛朗士（Anatole France）的腦才一〇一七克，比屠格涅夫整整小了一半，但是他拿到諾貝爾獎。可見聰不聰明是看神經的連接，不是頭大不大。

這些迷思只要二堂基本的大腦課便可破解，教育部在調課綱時，若可以少一點意識型態，多一點跟生活有關的知識，則父母幸甚，天下幸甚！

乾淨的空氣，比選票更重要

一到夏天，就覺得台灣林蔭大道太少，樹種得不夠。現在缺電，空氣汙染嚴重，何不多種點樹來降溫、淨化空氣呢？

前幾天去一個科技大老家吃飯，他住在台北市，後院卻有山有水，還有瀑布，像是住在國家公園裡一樣，真是「結廬在人境，而無車馬喧」。那天晚上吃什麼已經記不得了，只記得從餐廳看出去，像是在黃公望的富春山居圖中。

第二天，我去法官學院上課，新樹正好長到二樓窗戶高，雖然不是富春山，但帶來的綠意和生趣，一樣令人心曠神怡。我想起一個窗景對病人復原的實驗。

這個實驗是把三十六名剛開完刀的病人分成二組，一組的病房面對著公園，窗外是一片綠油油；另一組的病房沒有窗戶，病人睜開眼睛面對牆壁。結果發現公園組的病人，手術後嗎啡量用得比較少，復原得比較快，因為心和身是一體的兩面，綠意帶來的愉悅加速了身體的復原，但是這個綠必須是有生命的，不是油漆的綠。

實驗者給養老院東廂房的老人一盆植物，告訴他們放在窗檯，護士會來澆水；告訴西廂房的老人，這盆植物你要好好照顧，死了得賠。一年後回來看，發現東廂房的老人去世的比西廂房的多，雖然他們房間也有植物，卻因事不關己，沒有感受到生命的喜悅。「生命」會帶給人心靈的生趣，所以現在鼓勵老人收養流浪動物——貓狗避免了安樂死，老人得到了生趣。

其實綠化並不困難，有心就成。荷蘭家家戶戶窗檯都有花，姹紫嫣紅，好不美麗。但是仔細看那些花，不過是最便宜、最容易長的天竺葵（geranium）而已，不是什麼名貴的花，但是它的花期很長，開在窗檯上，花團錦簇，令人心情愉快，替荷蘭招來了不少觀光客。

台灣的氣候這麼好，當然更可以這樣做。政府不要把時間和精力放在破壞性的事物上，除弊不如興利，尤其美國最近發現，即使短期的增加PM2.5值都會引起下呼吸道發炎，有二十六名兒童死亡。乾淨的空氣比選票更重要。

人民的健康應該是施政者的第一考量。台灣的老百姓早就習慣了「寧信世間有鬼，不信政客的嘴」，食言的事反正每天都在發生，不差一件，趕快恢復核能發電吧！知錯能改，善莫大焉。

亂世用重典？攻心才是上策

一位朋友的母親被詐騙集團騙去五百萬後，一直鬧自殺。大家對詐騙犯都恨得咬牙切齒，因為他們把別人一生辛苦的積蓄一夕化為烏有，真是罪大惡極，亂世要用重典，應該永不假釋。

但是老子在《道德經》中說：「民不畏死，奈何以死懼之？」嚴刑峻法只是阻嚇，因為上有政策，下一定有對策。

漢武帝晚年，盜賊亂起，民不聊生，為了整頓治安，他在天漢一年頒布了「沉命法」：如果沒有及時發現盜賊，或是發現了而沒有拘捕到案的話，二千石以下的官（等於我們現在的縣長）到小吏主者「皆死」。結果小吏畏誅，雖有盜，不敢說（二千多年前就有吃案），官府當然更不敢說，於是上下相匿，報表上一片詳和，民間的盜賊卻愈來愈多。

所以，嚴法只會使老百姓因怕罰而揭竿起，秦末的陳勝、吳廣，就是因為天雨，軍糧來不及在期限前運到，所以與其受誅，不如造反。三國時，張飛也是因為要三軍為關羽戴孝，屬下無法在三天內做完孝服，怕受軍法而先刺死他。所以狗急會跳牆，情急會造反。凡是牽涉到人的法令，都得從人性去思考，才會奏效。

唐末黃巢之亂時，盜賊橫行，西川節度使崔安潛知道賊多兵少，必須用反間計，使他們窩裡反才行。他命人把官府的錢搬到市集上給老百姓看，然後出榜示說，告密者賞錢五百緡，若出首同夥，釋其罪，賞同平人。不久果然有人前來出首。被捉的強盜很不服氣，大喊說：我跟他一起做案，搶來的錢也平分，他做強盜的份沒有少於我，為什麼只抓我不抓他？崔安潛說：誰叫你不先出來告發他？如果你告了他，現在是他砍頭你領錢。於是命人殺盜於市，賞金於出首。這樣一來，強盜之間立刻起矛盾，彼此相互猜疑，怕被同伴出首或是不忍出首同伴的人就連夜逃走了。

《孫子兵法》說：「善用兵者，屈人之兵而非戰也，拔人之城而非攻也。」

台灣現在詐騙橫行，嚇得老百姓都不敢接電話，連真正的警察打電話來都不敢理。對於詐騙、販毒這種集團的犯罪，政府拿不出一點辦法來。其實對付這些犯罪集團，就需要攻心為上，從內部去瓦解他們，只是，現代的崔安潛在哪裡呢？

權不能勝天

之前去了一趟北京，在高速公路上，處處可見「初心」這兩個字的看板，我問為什麼？接機的老師說，這是十九屆人民代表大會留下來的標語，習近平打貪，提醒共產黨員莫忘革命時的初心。

我聽了頗有感觸。台灣有句俚語「換了位置就換了腦袋」，權和利使人墮落，忘記了初衷。但是要維持初心不容易，有一次我推薦學生去看江振誠的《初心》，結果學生來告訴我，買不到「粗心」這本書，我才知道「初心」根本不在他們的詞彙中。

回程因為班機晚到，須在候機室等待。我看到一個年輕人穿著「挺管用的」T恤，不禁微笑。這個雙關語很有創意，把它斷成「管用」，表示這個東西很好用；把「挺」當動詞，那麼這個年輕人是支持台大校長管中閔的。這個設計充分發揮了中國文字的奧妙，令人讚賞。

因為我也不齒教育部的作為，同聲相應，同氣相求，我便去坐在年輕人那邊的椅子上。我聽到一個老者的聲音說：「我不反對你去遊行，畢竟大學跟別的不同，它是培養前瞻性人才的地方，大學左右著國家的命運。老師是教育的靈魂，怎麼可以把老師打成米蟲？如此汙蔑，是可忍，孰不可忍。可是你不要浪費時間去跟他們爭辯，止謗無辯也，『惡人害賢者，猶仰天而唾，唾不至天，還從己墮；亦如逆風揚塵，塵不至彼，還坌己身』，狗對你吠，若你也對他吠，人家不知道誰是狗！反正多行不義必自斃，天終歸是要亮的。你要把你的時間和精力用到建設上，大破壞後的復健是刻不容緩的。」

年輕人說：「可是，老師你不是說真理要辨才明嗎？」老者微笑說：「天下的法律都是指控者要負舉證的責任，你指控我有罪，你得證明我有做壞事，當指控者舉不出證據時，別人便知道他理虧了。你不要浪費這種口舌，你得準備去彌傷。人心是社會的根本，重建老百姓對法的信心是重要的。日本武神楠木正成死後，在衣服中留下五個字：非、理、法、權、天，非不能勝理，理不能勝法，法不能勝權，權不能勝天，天是最後的勝利者。你好好去想這五個字，就知道我的意思了。」

這時登機的廣播響了，大家去排隊了，我坐在椅上想，好個「權不能勝天」。

我們會是第二個哥倫布嗎？

有人說，哥倫布是天下最幸運的人，他出發時，不知自己要去哪裡，到了，也不知道那是什麼地方，回來後，還是不知道自己去了哪裡，但是他卻在歷史上留了名。

他靠的是什麼呢？靠的是他會賣希望，他用想像力說服了西班牙王室出錢，讓他去完成他的夢想。難怪有人說，做領袖的第一條件，便是要能舌燦蓮花：死的要能說成活的，活的說成不朽的，讓別人拋家棄子去追隨他；第二個便是要能賣希望，讓追隨者朝著海市蜃樓前進。

新加坡總理李顯龍就是一個很好的例子，有一次在演講中，他說政府一定要照顧老百姓，在外勞的問題上，老闆有他們的困難，但是政府也有政府的苦衷。他說老闆喜歡唱三首歌：第一首〈往事只能回味〉，過去好好的，現在怎麼變了樣？只能在夢裡回味了。第二首〈我是隻小小鳥〉，想要飛卻也飛不高；第三首是〈月亮惹的禍〉，千錯萬錯都不是我的錯，是月亮惹的禍。

政府當然也有歌要唱：第一首是〈你知道我在等你嗎？〉，第二首〈我在你左右〉，第三首是〈明天你是否依然愛我？〉。政府要全力以赴，但人民也要配合，明天才會更好，因為我們就在「你左右」。講完全場哄堂大笑，每個人都被這個幽默所激勵，知道明天有希望，因為政府有發心。

回想我們的總統在「預見十年後的台灣」這個題目上，跟高中生談話時，不是激勵他們，而是說十年後總統難做。學生還未出社會，先澆一桶冷水，這怎麼是領導者對未來的公民應該講的話呢？

相較於新加坡的「我在你左右」，台灣的老百姓真是欲哭無淚。在台灣，這歌是要倒過來唱：政府唱：千錯萬錯，都不是我的錯，是國民黨惹的禍。老百姓唱：我是隻小小鳥，已喊得聲嘶力竭了，但政府仍然充耳不聞，拒馬已經堆得連上學的路都走不通了，政府依然故我。老百姓最後只好唱「往事只能回味」，不然還能怎樣？

老百姓想問「你知道我在等你嗎？」更想問的是「你明天依然愛我嗎？」，台灣的希望在哪裡？我們會是第二個哥倫布嗎？揚帆出海，卻不知道目標在哪裡。

同是華人社會，竟有這麼大差別，哀哉！

領導者無遠見，國家腦力不會強

上週我去昆明參加一個八千多人的年會演講。行前心想，八千人差不多是一個師的兵力，要多大的會場才能容納這麼多人？還有住的問題呢？到了昆明一看，五星級的旅館比比皆是，容納上萬人的會場有十來個，我暗暗吃驚，因為昆明僅是三線城市而已。

主辦這個大會的是我們台灣人，早年去中國大陸打天下，發跡後每年辦大會犒賞同業。聽說是台灣人，我忍不住問：為何不在台灣辦呢？八千多人的吃住和服務可以帶來很多商機呀！他說他很有意願，但是我們的政府反應冷淡，加上台灣沒有這麼大的場地和周邊設施，所以只好作罷。想到我們的大巨蛋到現在還未完工，真是感嘆這種效率和眼光怎麼去和世界去競爭？

領導者必須要有遠見和魄力。一九六八年韓國的朴正熙堅持要建高速公路，惹來朝野一片罵，因為當時韓國國內生產毛額（Gross Domestic Product，GDP）才八十七美元，人民肚子都填不飽，哪有錢去買汽車？沒有汽車，蓋高速公路幹嘛？但是完工之後，交通的便利促進了汽車、鋼鐵、石油加工的發展，韓國的經濟起來了。現在韓國的GDP是三萬多美元，而我們才二萬四。感嘆我們缺少這樣的領袖。

那天服務會場的義工是王建煊「撿回珍珠計畫」的珍珠生，來接待我的便是一個彝族的女孩，教育改變了她的人生。想起馬雲說：偷走美國人工作的不是中國人和墨西哥人，是他們執政者政策的問題。美國在十三場戰爭中，花了一四．二兆的美元，如果把這個錢拿來做基礎建設、辦教育、開發中西部的產業，美國人怎麼會沒有就業的機會？

馬雲是對的，錢花在教育上，才是長久的富國之道。台灣今年軍事預算為一百億美金，這個錢若拿來建設台灣，又何至於弄到沒有能力承辦大型的國際會議呢？

飛機降落台灣後，我在十二分鐘內拿到我的行李，想到在昆明機場苦等四十五分鐘，轉盤都沒有動，真是感恩回到了台灣。

軟體是硬體的實力、人才是我們的競爭力，政治和意識型態一定要離開校園，只有安定的校園環境和前瞻的教育政策，我們的學生才能在腦力上與他國一決雌雄。只有穩定的政治，外商才會來投資，不管哪一黨執政，政府應該永遠以人民的福祉為第一。

笑話填空，測你是幾年級生

八二三砲戰匆匆一甲子了。這段別人的歷史是我們親身的經驗：家裡挖了防空洞，學校每週防空演習，小學時坐我旁邊的同學，她的父親就是八二三那天在金門殉國的章傑將軍。她沒有進蔣夫人辦的華興育幼院，因為她的母親說，把這機會讓給更需要的烈士遺族，後來她上北一女、保送台大。

回想我們這一代可以說是「時代考驗青年，青年創造時代」，困苦的時代考驗著我們奮鬥向上的能力，我們也創造了台灣的經濟奇蹟，開始了亞洲四小龍的時代。

最近我的小學同學傳來一張抗戰末期美國記者訪問一名奔向前線的軍人照片。這位軍人稚氣未脫，引起記者的注意，記者問：「你幾歲？」軍人說：「十六歲。」「你會想念你的家人嗎？」他答：「都已經死了。」記者沉默了一會兒：「你覺得中國會勝利嗎？」他斬釘截鐵的說：「一定會。」記者又問：「勝利後，你要做什麼？」他笑了笑：「那時候，我已經戰死沙場了」。

明知必死，仍然奔向前線，這個戰爭當然一定會贏。這是我們上一代的國家民族觀念，打仗只有打國家保衛戰才會贏。美軍幾次出兵海外都失利，其中一個原因就在此。

現在雖說世界是平的，國家的界線模糊了，但是國家仍然是自我認同的基石。歐盟的人民可以自由來去，但是他們的國家意識並沒有減低，這次俄羅斯的世界盃足球賽，歐盟幾個國家的球員為爭國家榮耀，拚得你死我活，可以看出他們手上那本護照還是有它的特別意義。

人的意念決定人的行為，所以國家民族的觀念需要從小教。明太祖的南京城牆何其厚，但是城門從裡面開時，再厚也擋不了敵人。有個笑話，請不同年代的人填「他＿＿＿犧牲生命，＿＿＿出賣組織」：五年級生填「他寧可犧牲生命，也不出賣組織」；六年級生填「他害怕犧牲生命，所以出賣組織」；七年級生填「他與其犧牲生命，不如出賣組織」；八年級生填「他即使犧牲生命，也要出賣組織」；九年級生填「他白白犧牲生命，忘了出賣組織」。

須知世界文明價，俱是英雄血換來，台灣承平了六十年，八二三砲戰功不可沒，歷史不能忘，它是我們的根。

對現況的無助正是奮起的契機

一位教心理學的老師跟我說，他上課講到「習得的無助」這個實驗時（這是一個很有名的實驗：一隻狗被電擊，怎麼都逃不掉時，牠會放棄掙扎，即使後來換到全新的環境，牠只要跳過一個矮柵欄，就不會被電，牠也不會去試，就躺在通電的地板上被電）跟學生說：絕望是最可悲的事，如果怎麼做都沒有用時，一個人會放棄努力。有個學生就問：台灣現在做什麼都沒用——陳抗沒有用、公投沒有用，這些無力感會不會使人民對政治絕望而放棄參與？人民會像無助的狗一樣不再振奮，隨他去了嗎？

我想不會，因為實驗者後來在大腦中找到了希望迴路（Hope Circuit），動物的無助行為其實是有演化上原因的。

當動物怎麼做都逃不掉電擊時，會產生焦慮，牠們腦幹的側縫核（dorsal

raphe nucleus, DRN）會活化，把血清素送到掌管戰或逃的側導水管周邊灰質（dorsal periacquactal gray, DPAG），使牠們不再嘗試。若是把阻擋DRN活化的藥物注射進這隻老鼠的大腦，那麼這隻老鼠就不會無助，牠會去逃避電擊。而一隻本來會逃避電擊的老鼠被注射活化DRN的藥後，牠就躺著挨電了。

在遠古時代，生存不易，打不過敵人而不認輸會死亡，不如放棄抵抗，趕快逃走。所以大腦內側前額葉皮質（MPFC）就會下指令給DRN，不再嘗試，保留資源，等待來日。所以這個無助不是像過去以為是學來的，它是演化對不幸事件的反應設定（default response）。這條MPFC—DRN迴路是由最進化的前額葉皮質通往最原始的腦幹，當被威脅時，有機體會馬上啟動側縫核來分泌血清素送到DPAG和杏仁核做出因應反應。假如威脅持續不去，血清素濃度到達臨界點後，動物便不再反抗，把資源保留起來。一旦前額葉皮質發現威脅退去了，它就抑制側縫核，動物又開始嘗試逃脫。一隻過去逃不掉電擊已經放棄的狗，讓牠經驗可以逃避的電擊後，牠會跳過柵欄去逃避。所以幾乎所有失敗的人，都需要沉潛一段時間才能東山再起。

台灣已經原地踏步一陣子了，應該要起來了，但是MPFC是要看到希望才會抑制DRN，動物必須確定過去所發生的不幸是可以被改變的，牠們才會再去嘗試。奮起的重點在希望，我們要怎樣才能看到啟動希望迴路的曙光呢？

老有所終，讓人民活得安心

星期六的早晨八點半，在公車上遇見一位以前教過我的老師，她今年八十四歲，隻身在台。我看她臉色蒼白，便問候她近況，她說她來醫院驗血糖，老人睡眠短，早上四點鐘就起來了，但是抽血要空腹，不能吃東西，她等到八點抽血完才吃早飯，因此有點頭昏，雖然看到公車來，卻不敢跑，只能等下一班，想不到因禍得福，反而跟我同車，她很高興。

我聽了大驚，血糖低會昏倒，怎麼不叫計程車趕快回家去躺？她看著我的眼睛說：我怎麼敢叫計程車？物價在漲，錢在變薄，退休金卻被砍。人苦於不知道自己還會活多久，老人最怕就是人還活著，錢卻用完，這是醒不來的惡夢啊！

我聽了非常難過，她是個好老師，金陵女大畢業，跟著政府來台，春風化雨一輩子。我們從她身上學到讀書人的風骨，她教我們，自己努力賺到每一分錢都是真金白銀，騙來的是鏡花水月，即使拿到手，還是會消失。她教我們無功不受祿，無能不坐大位，君子愛財，取之有道。她無法儲蓄，因為薪水太低，生吃都不夠，怎麼可能晒乾？她也無法賺外快，因為她不在家開補習班，也不叫我們買參考書。

一個一輩子克勤克儉、奉公守法的人，到老還要每天生活在恐懼中——執政者要檢討了。羅斯福總統說人有免於恐懼的自由，但是台灣的老人沒有，政府當年的承諾是廢紙一張。當儲存用光或身患絕症，自己不能照顧自己時，人怎能不恐懼？這個如影隨身不安全感是不人道的，會折磨死人的！

京戲《販馬記》中，李奇哭監：人生有三苦，少年喪父，中年喪妻，晚年喪子。晚年喪子為什麼苦？因為老無所終。尚書洪範把考終命當作五福之一，可見善終在老人心中有多重要。誰會想到號稱已開發國家的台灣，它的人民竟是活得如此的無奈呢？

三千年前，我們的祖宗曾在《禮記．禮運大同篇》中繪出一幅美好的執政藍圖。政府完全不需要去收買網軍來提升民調，只要把老百姓的生活顧好，讓他們幼有所長，壯有所用，老有所終，選票就是你的，用什麼語言接地氣都不必。

老百姓吃飽穿暖，心中不必恐懼明天的衣食無著落，只要做到這樣，他的票不投給你，投給誰呢？

演習視同作戰？原因是……

當神經學家想知道大腦某部位的功能時，他們便在那裡放置探針，當動物執行實驗者設計的作業時，如果某些神經細胞活化了起來，他們便找到了與該動作有關的神經細胞。

一九九二年，義大利的神經學家很驚訝的發現，一隻沒得吃的猴子在看同伴吃東西時，牠大腦同樣的區位也活化起來，而且活化的型態與真正吃東西時一模一樣，只是沒有動作出現而已。這個實驗使科學家找到了最原始的學習機制——專司模仿的鏡像神經元。

模仿是所有學習的根本：嬰兒看到別人說話，他大腦掌管舌頭嘴唇的細胞會活化起來；鋼琴家想像他在演奏，大腦活化的地方與他真正演奏時是同一個地方，大提琴家馬友友出外演奏時，他的大提琴必須放在飛機的行李艙，但是他說他坐在機位上，心中卻可以默默預演全曲，效果一樣好；連鴨子在進入紅鶴園，也會馬上把腳縮起來，使自己跟別人一樣。這個不自覺的模仿能力，使我們看見人吃飯喉嚨會癢；看見別人打哈欠，自己會愛睏；而品格的塑造，父母必須以身作則才會成功。因為它是看到眼裡，記在心裡的潛意識學習，所以孟母要三遷，孔子要「毋友不如己者」，傅玄要說「近朱者赤，近墨者黑」。

模擬真實情境的沙盤演練，在生存上很重要，因為它活化同樣的神經迴路，活化久了，神經迴路變大條，臨界點低了，事情一發生，就可以馬上反應，奪得先機，便能致勝。

台灣是個天災很頻繁的地方，但是我們對地震颱風的演習卻很不夠，比如說，地震時，應該躲在哪裡才是安全就有各種說法，莫衷一是。

火災演習更是，台灣有很多人不會用滅火器，也有人逃出來了，又回去救財物，其實差三秒，差一生。

演習是件嚴肅的事情，不是兒戲。本月初，海巡署模擬恐怖份子攻打台灣，有一場大演習，但是他們沒有嚴肅的看待此事。在台北港待命的主艦居然大紅燈籠高高掛，張燈結綵，顯示目標所在。軍艦離港時，碼頭播放〈快樂的出航〉，令人以為它是公主號郵輪在載客。這種演習就完全沒有效，因為神經迴路不會連接。

只要跟生命有關的事都是嚴肅的事，因為大自然不會給你第二次機會。

政客吹牛皮，為何總有人信？

我香港的同行很關心台灣的政治，或許是因為他們不能直選的關係，對我們很是羨慕。前幾天我去香港開會，他拿了一篇《人格與社會心理學》期刊的論文叫我一定要看。

這篇論文是討論：為什麼高社經地位的人會過度自信？而別人又為什麼把這種自信解釋成有能力？

實驗者蒐集了十五萬個墨西哥中小企業的貸款申請書。他們須填年收入和教育程度，然後填自己和其他墨西哥人評比的排序。例如，以我的財力和社會地位，我應該排在國人的四五％左右，即有五五％的人不如我。

他們同時還要做另一個測驗，來預測他們將來會不會倒帳。在這個測驗裡，他們又要再估一次自己的排序。結果發現高社經地位的人，各方面表現是比較好，但是沒有好到他們自以為的那個程度，這情況在大學生的實驗中更顯著。

二百三十名維琴尼亞（Virginia）大學的學生要評估自己和全美國的大學生相比的排序，標準仍然是他們父母的年收入和教育程度。這些來自高級家庭的學生，在測驗中並沒有表現得比同儕好，卻自以為有，跟前述的墨西哥人一樣。

為了了解為什麼會有這個過度自信，研究者做了一個模擬的工作面試，問這些大學生同樣的問題並錄影，再把錄影帶放給不知情的第三者看，請他們評分並決定僱用，結果獲選的都是那些過度自信、卻不見得真的有能力的人。

過度自信而被誤判為有能力，是一件很奇怪的事。研究者指出，美國有很多政客明明沒有什麼能力，卻因家裡有錢，財大氣粗，在政見發表會上，不但說不出任何具體的施政方針，對很多議題還理直氣壯地說：我不知道。奇怪的是，大部分的選民依舊會選他，令有能力的對手氣結。研究者說，戰爭、股票崩盤和很多經濟或能源危機，都是無知的過度自信政客造成的。

那麼，我們要怎樣才能避免被這些膨風政客所拖累呢？作者說，只有持續揭露這些人的真實內在，把他們過去矛盾的言行列舉公布出來，迫使他們的牛皮漏氣。同時，輿論也要懲罰這些說話不算話的過度自信者（overconfidencer），因為他們為人類帶來了災難。

看完了這篇文章，不知為何，覺得很熟悉，跟我們台灣很像，雖然講的是美國。這是我的錯覺嗎？

人貴自重，國家也是

朋友轉給我全國高中棒球大賽的開幕典禮短片，在唱國歌時，球員們有的滑手機、有的交頭接耳，不但沒有張口唱，連肅立都沒有。我看了非常驚訝，唱國歌是對國家的認同，肅敬是對國家的尊重，這是一個公民對自己國家最基本的要求，怎麼已經讀到高中的學生會不知道呢？這種不尊重行為，看似不在乎國家，其實是自曝其短，它像逆風揚塵，塵不及彼，還坌己身，表現出的是自己的無知與愚昧。

不知從什麼時候開始，我們不再唱國歌了，對典禮也愈來愈不尊重了。曾有某大學的教授在畢業典禮上，穿著運動衣、揹著網球拍，上台去給學生撥穗；也有學生穿著短褲、夾腳拖鞋上台去領獎。甚至連國宴都有官夫人穿著短裙縷空花拖鞋，站在門口接待外賓。這是不禮貌的，每種場合有它的著裝規範

（dress code），京戲《擊鼓罵曹》中，禰衡用赤身露體來羞辱曹操。尊重和自制是文明社會的表徵。

運動比賽就更在乎運動員精神，孔子說：「揖讓而升，下而飲，其爭也君子。」古代連比賽的服裝都有它的意義，劍道服前面有五個褶，代表著「溫良恭儉讓」，後面兩個褶是「忠恕」，它是劍道的精神。

人一定要尊敬自己，別人才會尊敬你，國家也是一樣。國民出國就代表了國家，北歐有些國家寧可犧牲觀光收入，也不願讓某些國家的國民入境觀光，這是很丟臉的事。我們小時候，只要出門，父母都一再交代：無忝爾所生，在外面不可丟父母的臉，可惜這個羞恥感現在沒有了。

其實，台灣這種我行我素，不自重、也不尊重他人的風氣由來已久，連中研院劉副院長都被立法委員質詢到流淚，惡劣的程度可想而知。

因為行為的模仿不需要特別的腦力，孩子是看在眼裡，記在心裡，只要看到，大腦就會留下痕跡，是個內隱的學習，所以大人的行為是孩子的榜樣，上樑不正，下樑一定歪，孟母要三遷，史懷哲說榜樣在教養中是唯一的東西，原因就在此。

台灣學民主，但沒有學到西方文明社會問政的風度與尊重。其實我們的官員自總統以下，都是面對中華民國的國旗，手按著中華民國的憲法宣誓就職的，為什麼他們現在不唱中華民國的國歌了呢？

你是「純種」或「雜種」，有意義嗎？

一位同學打電話來問我高中的某教官還在不在？我回答已經過世了，她嘆了一口氣說，來不及平反了。原來她頭髮的顏色偏向咖啡色，不是純黑，教官一直懷疑她染頭髮，常藉故罰她站，她常邊站邊哭，過了五十年，她終於去做了DNA的檢驗，發現她有荷蘭和平埔族的血統，難怪和我們不太一樣。

在我們那個年代，染髮還未流行，我們懷疑她是混血兒，但是無人敢問，因為那時混血兒還有另一個不好的名字「雜種」，男生甚至可以為這兩個字打架，所以大家只放在心裡。多年來，她一直氣不過，現在總算真相大白了。

科學發現，如果每個世代有五%的基因流入，一個人種三百年後，它原來的基因只剩七〇%，一千年後，原來的基因只剩一〇%。美國的黑人雖然被販到美洲來作奴隸才三百年，他們身上已有三〇%的白人基因了。現在交通方便，天涯若比鄰，種族通婚的普遍，一千年後，世界人種的基因都差不多相似了。有一本書叫《夏娃的七個女兒》（*Seven Daughters of Eve*），講所謂的歐洲人是夏娃七個女兒的後裔，現在已沒有純種的歐洲人，希特勒強力主張的亞利安人是六五％亞洲血統、三五％非洲血統，現在再談種族主義是無稽之談。

在中印巴交界的喀喇崑崙山中有一族金髮藍眼的印度人，他們穿的是希臘傳統服裝，唱的是希臘民謠，跳的是希臘的土風舞，據說他們是亞歷山大大帝東征時下屯田的希臘士兵後裔。後來DNA的比對，他們與真正純種歐洲的巴斯克人的血源比地理所在地巴基斯坦人近，的確是希臘士兵的後代。

我自己一直對歐洲的吉卜賽人非常好奇，不知他們為什麼會像無根的一代，到處飄流，四海為家。最近經過DNA的比對和語言源頭的追溯，發現他們是三千年前波斯王大流士（Darius）征服印度時，帶回去勞軍的印度北部部落的人民，難怪吉卜賽人有歌舞的天才，原來他們的祖先就是因為這種才能而被選上的。

人種的分際就會像現在學科的分界一樣，已經融合了，它好比在沙灘上畫線，浪潮一來就無影無蹤。每逢選舉時節，希望不要再有人炒作族群，再分裂台灣。

「永續發展」不應是口號，它是存在於你我血液中的使命。

不會讀書不代表「沒有用」

一位朋友在連生四個女兒後，終於盼到了個兒子，卻不幸是個唐寶寶，她很不能接受這個事實，逢人就哭訴命苦，將來老無所終，以後不知誰照顧誰。我們雖然極力安慰她，唐氏症孩子只要有學習能力都可以教，學得慢些，次數多些而已，反而他們純真善良，會是老年的陪伴。但她聽不進去，假裝沒有這個孩子，從不帶他出門。想不到前幾天，她突然來了一封信，一開頭就是「感謝上天給了我這個唐寶寶，救了我的命」。

原來她獨自在家時，突然中風昏倒，幸好在庇護工廠工作的兒子下工回來看到了，跑到門外呼救，驚動鄰居打電話叫救護車，救回她的命。

她說女兒會念書，一個個都去美國留學，結婚生子，一年看不到一次，更不要說承歡膝下，連打電話都得算好當地時間，免得吵了她們睡眠。兒子從小沒有用，為了叫聲媽，教了一萬遍，想不到竟然是這個沒有用的孩子救了她的命。她說她感動和慚愧到無以復加，覺得對不起孩子，特地寫了這封懺悔信，昭告天下父母不要再犯她犯的錯。

我看了也很感慨，莊子說：「山木，自寇也，膏火，自煎也，桂可食，故伐之，漆可用，故割之，人皆知有用之用，而莫知無用之用也。」那些長得好的木頭，會被人砍去做家具；膏脂能照明，而被人拿去燃燒；桂樹可以吃，所以被砍；漆可以用，所以被割。這些有用的都被拿去用了，其實無用的也有用啊！只是人看不見這些表面上無用的東西，便棄之如敝屣。

真感嘆人為什麼這麼勢利眼，只看見美貌的、功課好的、家裡有錢的人。我初出來教書時，我的指導教師告誡我，眼睛一定要平均掃視全班同學，不要只注意某些喜歡的學生。很多人嘲笑不能讀書只能憑勞力賺錢的人為「雞鳴狗盜之徒」，但是若沒有這些門客，孟嘗君怎能逃得出秦關？

世俗人因看不見無用人的用處，便把他們毫不留情的剔除。愛因斯坦說的好，每一個人都是天才，如果用爬樹的能力來衡量一條魚，牠將終其一生認為自己是個笨蛋。

職業無貴賤，自己能養活自己，不成為社會的負擔便是高貴。孩子都是心頭肉，不要因為他比較不聰明，就冷漠忽略了他。

只要透明，汙垢就無所藏

月底就要投票了，我住在大安森林公園旁的大馬路上，每逢週末選舉造勢，鑼鼓喧天，真是苦不堪言。看到報上有人投書說「台灣的民主是戴上耳塞的民主」真是很對，因為耳朵想關卻關不掉，整天被噪音轟炸，會得精神耗弱症，難怪很多人在選舉時，都希望自己是重聽。

我注意到候選人很少在談他的政見，都在攻擊對手。想起我曾翻譯過一本書——《芬蘭的一百個社會創新》（*100 social innovations from Finland*），每一個曾在芬蘭執政的官員都得寫下他在位時，替芬蘭人民做了些什麼事，不但檢討得失，也讓繼位者戒慎恐懼，知道自己將來也要被如此檢視。

芬蘭的議員在國會中講的每一句話都會被記錄下來，對某個法案的投法都會馬上公布在網路上，讓老百姓一目了然，好決定自己下次還要不要再投他，這種透明化使芬蘭進步得很快。我們台灣卻不是，大部分人不知道自己選區的議員投的是什麼票。這種不透明使得候選人在拜票時是一副嘴臉，進了立法院又是另一副嘴臉，因為黑箱作業，政治變成分贓政治。

其實台灣只要像芬蘭一樣，議員開會時的一舉一動，都暴露在選民的眼光之下，台灣問政的品質就會好很多，至少不會像現在有人開會時，張著大嘴睡覺，或者簽個到就跑，會場只有小貓三、四隻，弄到人數不足流會。

政治只要透明，汙垢就無所藏，國家就會上軌道，也會有好的人願意出來從政。透明化是改善台灣政治唯一的路。芬蘭可以，我們為何不能？

做自己的主人

一位小學老師來信說，現在網路流行的打卡按讚，已經變相成為炫富攀比的工具。她班上有個女生，因為生日不能像別人一樣請全班吃披薩和冰淇淋，竟然哭鬧不肯上學。有個幼兒園的家長也說現在的幼兒園過生日不是每人一個杯子蛋糕就可以打發，有家長請小丑來表演，也有家長請魔術師給每個小朋友變一顆糖出來。我看了很憂心，這是很不對的教育風氣，在這種比富環境下長大的孩子，萬一人生不如意時，要怎麼辦？

報上曾有個女專欄作家鼓吹虛榮，她說虛榮有什麼不好？它是最有效的動力，她當年為了要買LV的皮包，蹺課打工，終於買了一個掛在手上炫耀，她強調虛榮不偷不搶，有什麼不好？

一個人若不能從自己的內心去得到滿足，物欲是個無底洞，抵抗不住金錢的誘惑時，會成悲劇。以前有本日文小說叫《金色夜叉》，描寫一個女孩為了金錢，走上了不歸路。手機剛出來時，也有個國二女生為了一支手機而賣身。

攀比不智，炫富殺身。攀比是自尋煩惱，因為人比人氣死人；炫富則財帛動人心，會招來殺身之禍。在網路上按讚，其實是出賣自己的隱私，是不智之舉。

一個有內涵和自信的人不會跟著潮流走。知識會帶來批判力，人有自己的想法，就不會隨便接受別人的意見（所謂的懶人包），就可以做自己的主人。

不要再鼓勵名牌吧！學生蹺課打工是浪費青春，打工的錢很少，畢業出來工作的錢才會多，為什麼放著大錢不賺去賺小錢呢？要知道少壯不努力，老大是徒傷悲的啊！

教育中的愛與榜樣

我們小學畢業今年是六十年，老班長發起去新店露營，因為那是我們當年最後一次的相聚。那天晚上在營火會時，班長提議，依學號，輪流講自己一生最值得驕傲的事。

我很驚訝每個人居然都還記得自己的學號（後來發現學號是有規則可循的，入學年代加班級排序〔忠一，孝二，仁三，愛……〕再加上姓氏筆劃），依序講完後，我發現在所有的行業中，做老師的得到的回饋最大。

一位做小學老師的同學說，每年教師節，她都會收到很多的謝師卡，即便已經畢業二、三十年了，還是會寫卡片來報告他們的近況。其中一個學生在小學三年級時，因為父母離婚後，又各自結婚，他成為沒有人要的孩子，性格怪異，自卑又自大，每天惹事生非來引人注意，是學校的頭疼人物。她知道這個年齡的孩子對自己很沒有自信心，是從父母、老師、同學的眼睛來看自己是誰，他怕自己是棄兒會被別人笑，所以先發制人，其實是很可憐的。所以她特別疼惜這個學生，幫助他考上師專，現在是得過教育部師鐸獎的老師了。

另一位教中學的同學說，在青春期，學生身上的荷爾蒙暴增，對現實有反叛性，動不動就挑戰父母老師的權威。他自己是過來人（他小學時，常被級任老師打），所以懂得這只是暫時的現象，隨著年齡的增長，體內的荷爾蒙穩定後，這些挑釁的行為會消失。所以他包容學生，把他們多餘的體力和怒氣引導到運動上，晚上更是把沒有飯吃的學生帶回家，叫他太太多煮一點米，他成功的挽救了很多可能吸毒的孩子。

大家聽了，忍不住給他們鼓掌。老師真是孩子生命中的貴人，只要碰到一個好老師，孩子一生就不一樣了。台灣能有今天，是很多老師無怨無悔付出的結果。

我想起我孩子告訴我，他大學畢業時，校長跟他們說：一百年以後，你的銀行有多少存款、住什麼樣的房子、開什麼樣的汽車，已經沒有人在意了，因為人死如燈滅，人走茶涼。但是假如你曾經伸出你的手，幫助過一個孩子，啟發了他的心智，那麼你這一生就不一樣了，因為你不知道什麼時候，這個孩子可能發明癌症、阿茲海默症的新藥，世界因為這個孩子而不一樣，這個孩子因為你而不一樣，你們的人生就不朽了。

的確，教育本無他，愛與榜樣而已。我自己完全忘記小學畢業典禮時，我的校長講什麼了，因為那時八二三砲戰正打得兇，我們沒有什麼叫畢業旅行，但老師們還是藉著童軍課的名義，帶我們去露了一天營，給了我們一個值得回憶的童年。

台灣早期老師盡心盡力的付出，造就了台灣後來的經濟起飛，創造了台灣錢淹腳目。大家很感嘆現在老師怎麼會淪為人人喊打的老鼠、被侮為米蟲？這個政府實在欠我們老師一個公道。好在我們活著是為自己的理想，不是為這些官僚，那天晚上，望著星空，我感恩我選對了志業。

睡眠不足與「積勞病故」

我在莫斯科大學開會時，朋友傳簡訊告訴我，繆德生上校公祭時，國防部頒的旌忠狀是「積勞病故」。他說他連看兩次，不能相信自己的眼睛。我接到他的信也是連看兩次，不能相信國防部可以一手遮天。繆上校明明是為了我們這些膽小怕事、懦弱無能的軍公教去跟不守信用、追溯既往的政府抗爭，不幸摔死的，怎麼說是病故？這種睜眼說瞎話，太離譜了吧？

因心中不平，台上講什麼沒聽見，一直想「軍人流血不流淚」，國家對不起繆上校。突然間，發現台上的投影片是「睡眠不足導致心血管疾病、癌症和失智症」。我頓時開竅，軍人枕戈待旦，睡眠當然不足，容易「病故」。

研究發現睡得愈少，生命愈短，二〇一一年，研究者追蹤歐洲五十萬名八個不同國家的人，發現睡眠不足死於心臟病的機率比別人高四五％；在亞洲，日本追蹤四千名勞工十四年，也發現睡眠少於六小時的人比睡六個小時以上的人，得心臟病的機率高了四倍。

其實，連午睡都對健康有幫助。哈佛大學追蹤二萬三千名希臘人從年輕（二十歲）到老（八十三歲）六年，結果發現，睡午覺者得心臟病機率比沒有的少了三七%。勞力者又比勞心者更要午睡，得病率差了六〇%。這原因是睡眠不足會引起血壓上升，使交感神經過度活化而分泌大量的壓力荷爾蒙（cortisol），引發心血管疾病和中風。

睡眠不足會導致失智是因為在深度睡眠時，大腦中的膠質細胞會縮小六〇%，使細胞間的間隙變大，白天大腦新陳代謝所產生的廢物，如β類澱粉樣蛋白及tau蛋白，可以透過脊髓液排出，這兩種都和阿茲海默症有直接的關係，晚上的排出量是白天的十倍。

睡眠不足也和精神疾病有關，曾有個研究者發現他的精神病人中，六〇%有睡眠失常門診的記錄，為確定這個因果關係，他讓這些病人一夜不睡，結果躁鬱症統統發作起來了。

幾乎所有國家的軍人都比老百姓早退休，因為他們精神和體力的消耗比一般人大，就像美國航空站塔台的航空交通管理員五十五歲就可以退休，因為他們工作時必須全神貫注，尤其像芝加哥或法蘭克福那種每分鐘就有一架飛機起降的機場，他們的眼睛更不可以離開螢幕，所以國家讓他們早十年退休。

睡眠減少三小時，免疫系統降低五〇%，尤其當我們進入深度睡眠後，大腦還會分泌生長激素來修補血管內層的損傷。因此荷蘭對需值大夜班的護士和飛越時區（Time Zone）的空服員有醫療上的特別補助。但是我們的政府對夙興夜寐的軍人有任何補助嗎？沒有，連感激都沒有。

看到睡眠不足對人體的影響，我們怎麼忍心削減他們的退休金？這是他們賣命的錢，繆上校固然積勞成疾，但若沒有政府的不公不義，也不會突然「病故」。很遺憾公祭時，我在國外不能去向這位有國家民族意識的英雄好漢致敬。

政府應該努力興利、發展經濟、增加稅收，不該把執政重心花在剝奪為國奉獻一輩子的軍公教人員晚年的安全感上，要知道物極必反，水能載舟，也能覆舟。

沒有軍人，哪有國家？

三月底，我去莫斯科的謝切諾夫（Sechenov）大學開會。這所大學原名「國立莫斯科第一醫科大學」，成立於一七五八年，是俄國最古老、最有名的大學，但是有人不服為什麼謝切諾夫（I. M. Sechenov，俄國生理學之父）是第一，而我卻不是……於是大學被改名為謝切諾夫大學。

我聽到時很感嘆，人好虛名，自古皆然，中外一樣。台灣整天沒事找事熱中改名，浪費民脂民膏，現在連鈔票都要改，殊不知在智慧手機時代，紙鈔很快就要被淘汰了。名字有什麼關係呢？莎士比亞不是說，玫瑰換成別的名字一樣的芬芳嗎？實質比較重要吧！

從旅館去會場需要搭地鐵，他們地鐵兩旁都是英雄的雕像。帶路的學生很驕傲的跟我講這些英勇事蹟。我想像父母帶著孩子去搭地鐵，孩子眼睛看著雕像，嘴裡念著他們的名字，心中想我將來也要跟他們一樣，這是多麼好的愛國教育啊！

回到旅館看報紙，才發現剛好是三二九青年節，我問在台灣的學生，是否有任何慶祝活動？學生說沒有，他們根本忘了今天是黃花崗起義的紀念日。上網去查台灣有沒有什麼紀念活動？都沒有，只有宜蘭代理縣長抗議救國團選拔十大傑出青年。看到人家如此尊重軍人，再看自己，就難怪台灣現在募不到兵。

上海虹橋火車站每一個閘口都有一個優惠軍人的門，使他們不必跟老百姓一起擠（我從未見過那種萬頭攢動的擠況，嘆為觀止，據說，北京南站比虹橋再擠上二、三倍）。政府特別讓軍人優先通過，這種尊敬會使軍人願意為國家賣命。

的確，沒有軍人，哪有國家？我真心希望繆德生上校的犧牲，能喚醒國人對軍人的尊重。

當學生不會唱國歌……

我父親生在南洋（那時還不分馬來西亞和新加坡，都統稱為南洋），深知在海外要維持中華傳統文化的辛苦：緬甸華人的子女清晨五點要先上華文學校，然後才去上緬甸學校，而且學校名稱不能叫華校，要叫孔校；南洋華人念的學校都是華人自己捐錢設立的，馬來西亞政府甚至不承認華校的學籍。華人跟馬來人分數一樣時，馬來人優先錄取。所以父親臨終時，囑咐我們，只要有能力，就要去幫助南洋的僑教。僑教最重要的是語言和文化，因為它是一個民族的根，所以我一年大約有二次會去馬來西亞講學。

上週晚上，我去吉隆坡的一所小學演講，開講前，司儀宣布全體肅立，唱國歌。我有點驚訝，因為華人的活動政府並不支持，是家長會自己辦的，為什麼要唱國歌？

校長說馬來西亞族群複雜，他們必須要有一個共同的目標才能凝聚向心力，這個目標就是對國家的認同。所以他們雖然是華校，用華文上課，但還是得用馬來文唱國歌。他說，在這裡，政府不允許挑撥族群的語言，不像你們台灣允許本省人、外省人對立。我聽了頗有感觸。

北宋和遼國曾經交戰多年，一個要收復燕雲十六州，一個要南下牧馬。後來宋真宗在景德元年，與遼國訂了「澶淵之盟」（考過聯考的人，一定不會忘記這道題目，因為每年必考），以巨馬河為界，河之北屬遼，河之南屬宋。巨馬河兩岸有個緩衝區叫「兩屬地」，生活在這裡的人要兩邊繳稅。這當然很不公平，所以宋太宗曾經想蠲免兩屬地的稅，但是後來發現不可以，因為人民若只向遼國納稅，久了會向遼國產生認同感，因此又恢復徵稅。只是稅輕一點，其他福利多一點，來拉攏老百姓。

所以民心的向背是一個政權存亡的主因，即使在專制時代，皇帝還是了解，若沒有老百姓，他這皇帝做不成。想不到過了一千年，到了民主時代，政府反而不在乎老百姓的福祉，堅持燒煤發電，汙染空氣，殘害健康；更忽略了國家認同的重要性，不掛國旗，不唱國歌，連雙十節都不再慶祝，好像羞為中華民國的國民似的。

我曾在上記憶的課時，請學生拿張紙，畫出他們每天用的電腦鍵盤，結果全班一百四十個學生沒有一個人畫對，這表示自己以為會的，其實會的不真。我再請他們把國歌的歌詞寫下來，結果離譜到令人瞠目結舌，慘不忍睹。當學生不會唱國歌，政府也不再掛國旗時，國家的認同就消失了。

普立茲獎得主密契納（James Michener）說：一個國家的未來取決於這個國家的孩子在少年時所讀的書、所受的教育，因為這會內化成他對國家民族的認同、生命的目的、人生的意義和他對未來的理想。國民教育中，品德教育最重要，而品德教育第一就是要教孩子對國家民族的認同，長大才不會做漢奸。

看到不同族群的馬來西亞人大聲地唱國歌，而同文同種的我們，反而不認同自己的國家，真是憂心。難道一定要像猶太人一樣，亡國了，沒有國家保護了，才知道國家的可貴嗎？

用大數據預防自殺

一位輔導老師很沮喪的來找我，說教育部訓委會要她們叫學生簽不自殺的切結書來預防自殺，結果學生一邊簽，一邊跳樓。她問有沒有比較有效的方式來防止自殺？比如說，想自殺的人，他們的大腦跟別人有不同嗎？可以看得到嗎？

可以的，卡內基美隆大學的研究者發現在核磁共振中，看「湯匙」這個名詞時，大腦中跟動作有關的運動皮質區會活化起來；但因湯匙同時也跟「吃」有關，所以跟味覺有關的腦島及下額葉迴也會活化起來。所以可以用與情緒相關的字，如「悲哀」「羞恥」「擁抱」「恨」所引發的血流量多寡，來區辨出自閉症或其他情緒疾病的人。

哈佛大學則發展出一個簡短的內隱聯結測驗，將「死亡」和「我」出現在螢幕的一邊，「生命」和「不是我」在螢幕的另一邊，中間則出現和這兩組字有關的字，如「他們」「存活」「我」等，請受試者盡快按鍵來判斷中間的字應該屬於哪一邊。做完後，交換配對，將「生命」和「我」放在一起，「死亡」和「不是我」放在一起，再做一次反應時間的測驗。結果發現對「死亡和我」在一起的反應時間較快的人，後來去自殺的機率比其他人多了三倍。

七十年代，我在加州大學做過一個實驗，要學生盡快辨識一個一閃而過的字，因為呈現的時間很短，只有三十三毫秒，不足以使這個字進入意識界，他們會用猜的，會不由自主說出潛意識的反應。系裡的助教比爾曾經單戀班上的女生Joan。當我給他看「女孩」這個字時，他本來應該回答「girl」或是「我沒看見」，卻脫口而出「Joan」。當他聽到自己的回答時，臉立刻紅起來，因為他是不自覺說出的。所以這個方法的確可以窺視一個人的內心。

研究者更用機器學習（machine learning）的方式，透過雲端，用大數據從病人的健康紀錄中，預測過去兩年內曾經企圖自殺的人，結果正確率九〇%，而預測過去一週內企圖自殺者，準確率是九二%。

所以，現在可以用手機來做內隱聯結測驗（只要四分鐘），再用健康紀錄的大數據找出他的自殺風險，然後直搗黃龍問他：「告訴我，你打算自殺的那一天發生了什麼事？」「你怎麼知道你的壓力愈來愈大了？」「你生活中有沒有任何好的事情，可以說給我聽一聽嗎？」然後教病人用運動方法來調適心情，因為運動到心跳最高點的七〇％時，大腦自己會分泌正向的神經傳導物質多巴胺。結果發現這種簡單直接的方式也很有效，九十七名自殺未遂的退伍軍人，在六個月內自殺機率減少了七六％。目前美國國家衛生研究院的院長宣布，要用以證據為基礎的方式去找出高風險者，來預防自殺。

台灣最近外交失利、經濟衰退、民不聊生。政府或許可以用捐贈給世界衛生組織（WHO）的一百萬美元來改善國內的自殺防範設施，用我們自己的納稅錢來幫助我們自己的國民。那一百萬美元在WHO中，不過滄海一粟，對日子過不下去的老百姓，卻是寶貴生命的挽回。

一個無知決策，造成終身傷害

川普當選美國總統後，對非法移民採用零容忍政策，下令在執行時，不論年齡，親子拆開拘禁。這個強迫骨肉分離的慘象上了電視後，尤其《時代》雜誌的封面登出後，全球嘩然，連他的家人都反對他。在輿論的壓迫下，川普收回了成命，允許母子關在同一個牢籠裡。但是他不知道的是，他的無知已經對這些年幼的孩子造成了終身的傷害，而且禍延子孫，會影響下一代及再下一代的幸福。

實驗發現小鼠生下來後，母鼠會不停去舐牠，這時，母子大腦都會分泌催產素（oxytocin），這個胜肽會幫助親子聯結（bounding），也使小鼠將來成為一個好母親。當小鼠與母鼠分離時，牠會哀哀叫，這個聲音我們人耳聽不見（我們的耳朵只聽到二十到二萬赫茲的頻率），但是母鼠會馬上站立起來東張西望尋找小鼠。若在十五分鐘之內，把小鼠放回母鼠的身邊就沒有關係，母鼠會拚命舐牠，好像告訴牠，沒關係，媽在這裡。但是若等太久才放回去或讓牠隔離長大，那麼這隻小鼠會成為一隻冷漠孤僻的老鼠。實驗者用人工授精的方式讓牠懷孕後，牠對自己生下的孩子不聞不問。這個不理睬造成牠的下一代也是冷淡的母親，不會去舐牠自己生下的小鼠。童年的缺乏安全感，會造成長大後行為的不正常，而且這個不正常影響到三代之後。

研究者在猴子身上也看到同樣的情形。當小猴生下來就被迫與母猴分離時，牠不會去跟別的小猴玩，只會雙手抱頭躲在牆角。雙手抱頭是個極端沒有安全感的象徵，牆角是後面沒有敵人來，比較安全。這種猴子長大後，也不能正常的交配，人工受精懷孕後，會把自己親生的孩子虐待死。在動物身上看到了受虐兒長大變成施虐者。大腦的切片更顯示受虐的老鼠和猴子成年後，牠們神經的連接仍然很稀疏，大腦發育不良，有反社會行為出現。

催產素會因為肌膚的接觸而產生，西洋人見面時，常會握手或擁抱，這個肌膚接觸會促使大腦分泌催產素，形成兩人之間的聯結，所謂「見面三分情」。

中國人則是拱手請安，彼此不碰觸。所以有人說西方人熱情，東方人冷淡。握手的確可以知道這個人的誠意。台灣曾有個候選人的配偶跟選民握手是蜻蜓點水，所以後來沒選上。

催產素甚至影響婚姻制度，一夫一妻的雌性在交配時，大腦會產生催產素，使牠忠於配偶（雄性則是靠加壓素〔vasopressin〕）。狗被主人撫摸後，五到二十四分鐘之內，會產生大量的催產素。主人血液中的催產素也會升高，因此狗對主人最忠誠，人也會衝入火場去救狗。

有人說莎士比亞的《仲夏夜之夢》中，那種使仙后一睜眼就愛上第一個看見的人的那個藥物，就是催產素，看起來很有可能。

催產素影響我們巨大，川普這個不人道的命令，對將來所有的社會都會是一個災難。民主制度雖然很好，但是選錯人時，也是一個災難。

關於素養

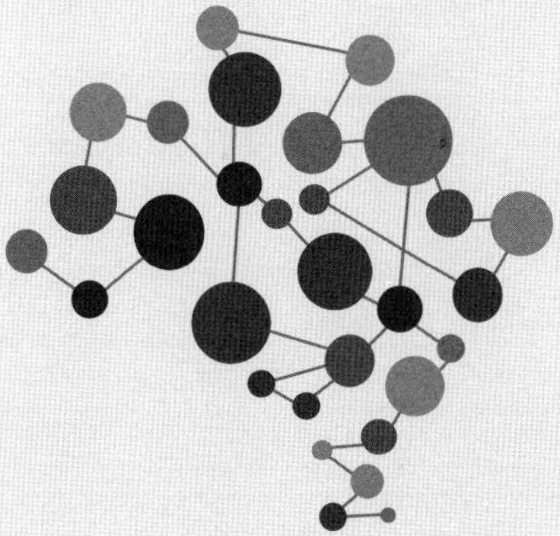

做人大道理都藏在古書裡

有位高中生來信，抱怨學校又要他們學新知，與國際接軌，又要他們讀古文準備指考，他問該如何平衡新舊知識，才能使自己不被機器人所取代。

在現代，任何可以被編碼的工作都會被機器人取代，唯有創意不會，而創意需要人文素養。尤其最近臉書個資洩露事件後，品德的要求比以前更高。因為人性不會變，古人的經驗正可以給我們所缺的處世智慧，使自己不被利所誘而失足。

我小時候初中要聯考，省立的學校在台北只有北一女和北二女，競爭很激烈。六年級時，我們要學雞兔同籠、火車追趕和植樹問題，功課很繁重，但我父親還要我們讀古文。有一天，我聽母親說起，外公只教我舅舅《資治通鑑》，不教她，因為女生不用做官，我就央求母親去替我們去向父親說情，不要念古文。因此第二天晚上，父親飯後茶喝到一半，心情較好時，母親就進去說情，我們大家都擠在門外偷聽。

日式房子最無隱私可言，紙門即使不戳個洞，也聽得一清二楚。就聽得母親說：馬上要聯考了，孩子功課很重，這些不急的東西就先緩緩吧！父親說：做人的道理怎麼會不急？學校那些東西才是可有可無。他便把我叫進去：昨天講的，宋太祖要符彥卿掌兵權時，為什麼宰相趙普反對？我說，因為符彥卿的名位已盛，再掌兵權怕他造反。父親說：但是趙匡胤不是說，他對符很好，符不會負他的嗎？我說，但是趙普反問了一句：「陛下何以負周世宗？」

父親說的正是：政治是不講恩情道義，只講權力、利益的。只要有權，再小的官都可以使你家破人亡，所謂「破家的縣令，滅門的府尹」。權又和利在一起，有權時，錢自己會找上門。但是有錢而沒有權，錢保不住，所以民不與官鬥，這是亂世明哲保身的智慧。他說，人生在世，我不要求你們光耀門楣，但絕不能做汪精衛，你們要知道什麼是該堅持的，什麼是可以放下的。明成祖即使殺了方孝孺十族，明史上，他還是個篡位的皇帝，青史不會成灰，多行不義必自斃，倒行逆施，自有史官書之，你們自己思考哪個重要。

想到此，我回那位高中生：讀新書長自己的知識，讀古書長自己的智慧。

教育少了品格，書念再好也沒用

為了因應人工智慧時代人才的需求，最近好幾個國家都在舉辦前瞻教育研討會。我參加過的就有美國的前瞻學習科學研討會，以及上海的教育藍皮書發布會。在這些會議中，我看到現在大家都在強調品德，也就是《禮記》「德，人之本，政之根，國之基」那種從內而外、下而上，一致性表現的德性要求。的確，在機器人時代，情緒和品德更重要，因為機器人不會替你掉眼淚，人則可能利用沒有道德判斷能力的機器人去做壞事，所以德育已取代智育，成為新教育的核心了。

在回程的飛機上，我看到有個老師投書報紙：「休業式，我撿教室地上的冰棒袋」。她說雖然一再交代學生吃完冰棒，紙袋不可留在教室中，以免招螞蟻。但是學生充耳不聞，仍然把黏黏的冰棒袋隨手丟棄。她說現在的孩子目中無人，更喜歡強詞奪理，連資優班學生也不例外。她感嘆課綱一改再改，把公民與道德、生活與倫理改到不見了，所以現在的學生缺乏公德心、同理心，他們腦海中只有自己的利益，不會設身處地為他人著想。

她的話立刻使我想起最近的分屍案，外加我在高鐵上遇到的一件事。

我搭高鐵不喜歡跟人擠，所以到站前，會先去離出口最近的車廂等候，例如要去轉台北捷運，就去第十車廂等候；要搭計程車，就去第七車廂等候。那天我在第十車廂門口看到一個年輕人用非常惡毒的三字經罵一個老先生：「XXX，你擠什麼擠，你踩到我的腳你知道嗎？你有本事去坐商務艙，你們這些米蟲趕快去死，死愈多愈好，XXXX」。旁邊有個中年人看不過去，說：「青竹莫將老竹欺，嫩筍也有變竹時」，其他人頻頻點頭。那個年輕人看到眾怒難犯，才閉了嘴。下車時，大家都臉色沉重。如果一個揹著電腦，看起來像是受過教育的人，說出來的話是如此不堪入耳，我們的教育教到哪兒去了？還有，老人為什麼是米蟲？他們年輕時，不也是對社會做了貢獻？

我很著急，當全世界都在因應AI世代的衝擊時，只有我們還在拔管、內鬥。在外交上，我們已經沒有邦交國了，如果在人才的培育上，再輸人家，台灣在世界地圖上消失是指日可待的了。

價值來自內涵

朋友的女兒驚慌失措來找我，她的室友結婚，請她當伴娘，因為禮服是蘋果綠的，她便偷戴了她母親的翡翠耳環，想不到回家時，只剩了一隻，她連掉在哪裡都不知道，遑論尋找。那副耳環是她母親手上唯一的外婆紀念物，她嚇得發抖。

我很同情卻愛莫能助，因為即使有錢也買不到相同的東西。深深嘆息她重蹈了莫泊桑珍珠項鍊故事的覆轍：一個虛榮的女人向她的朋友借了一串珍珠項鍊去赴宴卻不慎遺失了，她為了還這串珍珠，賣頭髮、賣牙齒，債還完後，她也不成人形了。朋友知道後很驚訝，因為那串珍珠是假的。

人不可低估機率，心理學上有個莫非定律（Murphy's Law），只要有出錯的機率就會出錯（If anything can go wrong, will go wrong），所謂「不怕一萬，只怕萬一」。很可惜許多人不相信，都覺得不會發生在我身上。

我每天早晨起床第一件事是燒水泡茶，然後下樓去拿報紙。我父親知道後，一定要我把火關掉再下樓，他說萬一你卡在電梯裡出不來時，爐上的水燒乾會引發火災。我不信，天下哪有這麼巧的事？想不到有一天，我果真卡在電梯，不上不下，幸好爐火已關，不必擔心火燒房子。所以凡事要想到萬一，不是自己的東西就不要戴。

美國總統甘迺迪夫人在出席宴會時常戴一串珍珠項鍊，高貴大方。後來她過世了，珠寶拍賣，別人才發現原來是假的。其實珠寶只看戴在誰身上，不是珠寶替人增光，而是人替珠寶增值，只有沒有內涵的人才要靠珠寶來引人注意。充實自己，曖曖內含光才是真正的價值。

誠信崩解，再多美德也換不回

朋友跟我約好一起出國旅遊，當我買好機票在收行李時，她突然打電話來說：「真抱歉，臨時有事走不開。」還說：「去改票啦，改票的錢我出。」我聽了不是去改票，而是去退票，因為一個不把自己的話當話的人是不值得交往的。

這件事讓我很感慨，東漢的范式千里赴約，在沒有手機和微信之前，人們是一諾千金，說話算話的。一九八〇年，我在英國開會，得知一位教授三個月後要去美國開會，我便請他開完會後，順道來我學校演講，他答應了。這中間我並沒有特別寫信去提醒他，但是在約好的那一天，他準時出現在我的辦公室。這就是守信，君子一言，駟馬難追。怎麼會像現在，明明講定了，還要祕書打電話提醒，好像小學生似的，至於說話不算話，那就更離譜了。

我小時候，父親跟我們講季札掛劍的故事。吳公子季札出使魯國時，經過徐國，徐君喜歡他的佩劍，季札因任務未完，不能將劍送給他，便想等回程經過時再送，但回來時，徐君已死，季札便把寶劍掛在徐君墓旁的樹上。從人問他：徐君已死，尚誰予乎？季札說：當時，我心中已經允諾，只是不便相送，現在豈能因他死而違背我自己的諾言呢？

我當時很不解，死人不會出來拿劍，季札並沒有達到送劍的目的，為什麼還要送？父親說，誠信是人最重要的品格，一個人如果沒有誠信，其他美德再好也不足取。承諾看起來好像是對別人，其實更是對自己，因為人最終要面對的是自己的良心。人一定要看得起自己，別人才會看得起你。他叫我千萬不要為了眼前的不捨，壞了以後一生的安心。

我天資愚鈍，父親這樣講了，我還是覺得寶劍掛在樹上，只是便宜了過路人，而且季札當時並沒有說出來，他只是心裡想而已，不能算背信。

父親很有耐性的解釋說：有人喜歡你的衣服，你就脫下來送給他了，他拿去後，把長袖改短袖，把旗袍改洋裝，你會不會生氣？我說：不會，因為送給他就是他的了。父親說：對，送給他，東西就是他的了，他要怎麼做，那是他的事了。同樣的，寶劍送給了徐君，就不再是季札的了，所以誰要拿去，是徐君的事。季札不忘初衷，做了他認為他應該做的事，他的心安了，這就好了。

父親的話，我想了許久都沒有想通，一直認為那種守信是抱柱信，是愚信。五十年後，看到蔡政府粗暴的年金改革，才了解一個人若能不忘初衷，守住最初的諾言，是很不容易的。很多人換了位子就換了腦袋，恬不知恥的推翻自己前面講的話。其實背信最大的傷害是人心的唾棄，政府失信於民的代價豈是砍掉的那些退休金買得回來的？

如果白紙黑字的契約都可以反悔，就更不要說，沒有講出來、只在心中想的事了。相較之下，古人品格的高尚令我們汗顏。做為一個老師，我在想：當時是什麼樣的教育，為什麼能教出像季札這樣的人而現在不能了呢？

中國古文的妙處，外國人也知道

俄羅斯科學院的東方文獻館是目前世界最大、收藏最多的館，藏有六十五種東方語言的十萬多件文獻。最近為了慶祝成立二百年，在聖彼得堡的冬宮舉辦展覽和研討會。收到他們的請帖時，非常心動，雖然明知十一月底的聖彼得堡是冰天雪地，還是找出箱內的大衣，去參加這個難得的盛會。

那天院方派了一個年輕的研究員來導覽，他的中文不但流利，而且用詞遣字很文雅。我問他為什麼會去選跟他母語差異很大的漢語？他說他大學主修哲學，哲學追尋的是人生智慧。他認為一個文明能在地球上存在五千年，必然有它獨特的地方，他想要這個智慧，所以下工夫把漢語學好。

他專攻宋朝，因為宋朝「興文教，抑軍事」，是中國文物鼎盛的朝代。他的老師叫他讀《資治通鑑》，因為這是一本討論中國歷代興亡的書，是中國幾千年政治智慧的總和。

我聽了很佩服他老師的眼光，挑《資治通鑑》是對的，天下事不管多複雜，都離不開人心與人性。古代讀書人中了進士後，能夠去縣衙做父母官教化百姓，就是因為四書五經裡，講的都是做人做事的道理，而這些道理不管時代如何變遷，只要人心不變，就能放諸四海皆準，因為人同此心，心同此理。

知識和智慧不同，知識是對外界事物的觀察和專業的研習，智慧則是知識的內化和昇華。古代知識有限，所以孔子叫弟子去讀詩經來多識鳥獸草木之名。但古人從觀察日常生活中，悟出自然現象如入鮑魚之肆，久聞而不知其臭（大腦對重複出現的刺激不再處理）和人生的道理「滿受損，謙受益」「己所不欲，勿施於人」等等。猶太的經典也說，太陽底下沒有新鮮事，已有之事必再有，已行之事必再行。在現代，知識當然要求新，但智慧可以從古人經驗中求之，所以《古文觀止》還是要讀的。

辭了冬宮出來，心情很複雜，看到國外對漢學的重視，對文物的珍惜，我們卻在去中國化，毫不珍惜的把國寶隨便借給日本的次級展覽館，在台中花博的翠玉白菜展示場，保全也很薄弱。這種不在乎國寶的態度令人憤慨，國寶的閃失是千古的民族罪人，豈是下台可以彌補的？

文化的精神是築橋，不是築牆

馬友友在美國和墨西哥邊境的小城做了一場大提琴演奏會（他也在河對岸演奏了同樣的曲子），在開始前，他說他一輩子都生活在邊界（border）中，在文化的邊界（他是美裔華人），教養的邊界（父母中式的管教和學校美式的管教），音樂的邊界（古典和現代，西洋和中國，他那天演奏完巴哈後，還演奏了一首中國曲子）和世代的邊界（上有老，下有小）。他接著引用了紐約自由女神像上的話：「給我你疲倦的、貧窮的，渴望呼吸自由空氣的人們……」他說：「文化的精神是築橋，不是築牆。」此話一出，底下立刻爆出如雷的掌聲，表示認同。

邊界其實是左右逢源，沒有不好。研究發現處在兩種文化中的人，大腦的彈性比較大，人比較靈活。文化要交流才會蓬勃。國家要有新血進來，才會強大。唐朝因五胡亂華，國力強盛；美國能有今天，因為她歡迎所有的移民。每個人都有用，孟嘗君沒有雞鳴狗盜的門客，如何逃得出秦國？其實美國的西部開拓史其實就是一部移民血淚史。

五十年代有個笑話：美國和蘇聯的火箭在外太空相遇了，兩國的太空人用德語交談，因為他們都是戰後被美、蘇擄去的德國科學家。放眼美國的諾貝爾獎得主，幾乎都是移民或移民的後代，例如發現維他命C的聖捷爾吉（Szent Gyorgyi）就是匈牙利人。

楚材晉用是強化國力最快的方法，別人花心血栽培出來的人才，現在替我做事，我不必耕耘即有收穫，何樂而不為？川普的鎖國令人不解。

興利的好處永遠大於除弊。執政者不要只看新移民搶本國人工作，要看新移民所帶來的經濟繁榮和國家榮耀。羅斯福總統的基本人權——言論的自由、宗教信仰的自由、免於匱乏的自由和免於恐懼的自由，一直為全世界人民所嚮往，也是全世界難民不計一切代價想要進入美國的原因。把人當作資產（access），這個國家會興盛，把人當作負債（liability）才要築牆。保護政策只會使人怠惰，經濟衰疲，美國的自信淪落到這地步令人驚訝。

馬友友說得好：國家不是旅館，它不可能客滿，真正的企業家會在客滿時，把自己的床讓出來。擇善固執是條艱難的路，馬友友千萬人吾往矣的情操贏得了我的尊敬。

感恩與吃苦

前幾天我跟幾位師鐸獎的老師聚餐，我問她們：「哪一個項目是你們認為最難教的？是現在最需要加強的？」她們異口同聲說「感恩」。她們說，現在的孩子不懂得感恩，所以不會珍惜，東西有一點不滿意就丟掉，不考慮物力艱難。他們對別人的服務也是如此，全世界都要讓他們。我想起最近長榮航空無預警罷工，使原本二小時直飛可到的地方，現在轉機、等機弄到八、九個小時還在飛機上，到了目的地筋疲力倦，哪裡都不想玩了。可嘆人都是在失去了以後，才懂得感恩。

其實人生挫折是常態，順利才是意外，一個懂得感恩的人生活不會不快樂。很不幸的是，我們通常不會這樣想，總覺得順利是本分，有一點不滿意便上街去遊行罷工。

這裡有一點大腦的原因，大腦的資源不夠，別人對我們好常被忘記，但是別人對我們不好須牢記在心，以免送命；另外還有一個原因是快樂是比較值，不是絕對值：有一個實驗是猴子每按十次桿，就會有一顆葡萄乾掉下來吃，這時牠大腦會分泌十個單位的多巴胺（這是正向的神經傳導物質，帶給我們愉悅的感覺，吸毒、性交高潮都跟它有關），幾次以後，突然之間，掉了二顆葡萄乾下來，這時猴子大喜，牠腦中大量分泌多巴胺，當兩顆葡萄乾持續好幾次後，牠大腦中多巴胺的分泌開始減少，回復到只有一顆左右時的濃度，這時實驗者改為只給牠一顆，牠很失望，大腦多巴胺的分泌連一開始的十個單位都不到，雖然牠還是有一顆可吃。也就是說，昨天的意外驚喜，會變成今天的理所當然，最後會變成你欠我的不滿足（unexpected pleasure yesterday become entitled today, and not enough tomorrow）。大腦使人不感恩，把現在的順利當作永久。

我朋友每天早上替她孩子把制服、襪子排好在床上，使孩子起床只要順序套上即可出門。有一天早上，電話鈴響，她襪子未及放，便去接電話，結果孩子怒氣沖沖質問她：我的襪子呢？你為什麼沒有替我放好？她握著電話筒驚訝的說不出話來，起床穿衣服是孩子的事，作母親的是心疼孩子睡不夠，替他準備好衣物，使他可以多睡幾分鐘。想不到這個殷勤變成了媽媽的責任，一旦沒有做，便受到斥責。她從此不再替孩子節省時間。其實，時間的安排，也是成長的功課之一，父母不可以替孩子做太多。

因此感恩需要不斷被提醒，許多宗教團體如基督教在吃飯前要禱告感謝上天賜飯，佛教徒也要唱供養偈。感恩之心不容易教，心態的改變必須是先有體驗，再有感動，有了感動才能有改變。切記不可讓應感恩之事變成理所當然。

西諺「因為哭泣過，歡笑才格外珍貴」，人必須先匱乏，才會感恩。暑假期間，父母不妨讓孩子離家去克難營，體驗一下沒有爸媽伺候的生活，不要怕孩子吃苦，他們需要體驗一下苦才會感恩，將來才不會吃苦。有個遊民說的好：「我媽捨不得我吃苦，所以我不懂得吃苦，我不懂得吃苦，我吃了一輩子苦。」

多閱讀、多體驗，使大腦活化

最近神經學上的研究，發現年輕人成熟得愈來愈晚了，過去我們認為二十歲大腦就成熟，人可以為自己的行為負責任，所以全世界的法律幾乎都以二十歲為成年，但是自從有了正子斷層掃瞄、核磁共振等腦造影儀器，可以在活人的腦上追蹤大腦發育的情形後，這個觀念就改變了。大部分的神經學家同意人的大腦要到二十五歲左右才發育完全，其中又有男女性別的差異，女生比男生早熟三年，也就是說，女生大約在二十二歲時，男生則要到二十五歲，大腦才發育完成。

美國國家心理衛生研究院的吉德（Jay Giedd）博士從一九九一開始持續長期掃瞄數千名兒童的大腦，來看他們大腦成熟的情況，這是一個前所未有的大型計畫，帶出了很多新的資訊。

大腦成熟與否有四個指標：第一是髓鞘的完成情況（myelination）。大腦神經纖維外面有包一層髓鞘，它是絕緣體，是使電流通過時，不會短路，髓鞘愈厚，電流通過的速度愈快，訊息傳遞的就愈快。

第二是神經元之間突觸的修剪（synaptic pruning）。胎兒在母親肚子裡時，一分鐘可以長二十五萬個神經元，等到出生時，大腦有一百億以上的神經元。大腦其實是用不了這麼多，也養不起這麼多，所以凡是沒有跟別人連接過的神經元會被修剪掉，這是為什麼童年期的經驗很重要，因為嬰兒會爬了以後，他的視野變大，活動範圍變大，經驗會促使神經連接，因此九個月到二歲的嬰兒大腦中的突觸比成人多五〇％。正子斷層掃瞄的研究顯示十個月大的嬰兒，他們新陳代謝的程度已經到達成人的地步，還一路往上升，到五歲時，是成人的二倍半，再慢慢往下降，到九歲時進入一個高原期，到青春期時再高起。

第三個指標是看大腦各部位的連接程度。連接的緊密，訊息傳得快，溝通就會有效率，大腦就可以快速地把各個部位所蒐集來的訊息，傳到前腦去做決定。大腦的成熟是從後面往前面推，前腦是整個大腦最晚成熟的一個部分。

第四是看大腦的執行功能的運作，這個大腦部分是叫前額葉皮質（prefrontal certex），它的功能主要是：

①**注意力**（ADHD的孩子這部分有缺陷）。

②**複雜的計畫設計**。幼兒一次只能做一件事，成年人可以同時執行很多計畫。

③**衝動的控制**。自我控制一直是評估成年的重要指標，雖然十八歲時，衝動已可控制，但需要努力壓抑。到二十歲中期後，就可適當做出反應了。

④**組織的思考**。青少年組織自己的思考還有力有未逮，成年後，思想就能被有邏輯的組織起來並表達出來了。年紀愈大，思考愈周延，所以中國有「薑是老的辣」及「嘴上無毛，做事不牢」的俗語。

⑤**風險機率的評估**。年輕人會因衝動而做出後悔莫及的事，成年後，變得穩重，成語中「話到舌邊留半句」「三思而後行」「謀定而後動」「小

不忍則亂大謀」等等都是古人描述穩重人格的詞語，它更是評估成熟的指標，「少年老成」指的就是年紀不大，但做事謹慎小心。因此在古代，一個人的成熟與否不是看年齡而是看行為，在現在，我們是看大腦這些指標達到了沒有，當大腦持續在成熟時，上述的功能持續在增進。

至於人會不會愈來愈晚熟，從上述大腦成熟的指標中就可以看出，假如父母還是繼續什麼事都替孩子做，他的大腦會因缺乏實際經驗而使神經連接稀疏，髓鞘不厚，突觸數量不多，他就會晚熟。

大腦是用進廢退，在二十一世紀，雖然很多事有機器人可以代勞，父母還是要讓孩子盡量去體驗、探索、增加經驗，更重要的是去閱讀，思考讓大腦因大量使用而活化更多。

只有感動才能帶來改變

朋友的女兒在美國一所中學教書，最近回台省親。因為我們都是從小看著她長大，所以大家便羅漢請觀音，請她吃飯，大家也順便聚一聚。

在席間，她說她負責教相當於我們台灣「公民與道德」的課程，我一聽，興趣來了，這是很不好教的領域，教得不好如同說教，學生耳朵會馬上閉上，充耳不聞。

她說她是用同理心來教，比如說，美國種族偏見仍然存在，即使因為憲法保護，檯面上看不到，生活中依然存在。在一次學校發生猶太學生被圍毆事件後，她跟英文老師合作，選莎士比亞《威尼斯商人》其中一段叫學生上台表演：「安東尼奧先生，你時常辱罵我貪財好利，我都忍受下來，因為忍耐是我民族的美德。你罵我是宗教叛徒，因為猶大出賣了耶穌，你在我的衣袍上吐痰，你本人就曾吐痰到我的鬍鬚上，你也曾像踢野狗一樣把我踢出門外，但是現在你需要錢了，要我借錢給你，我應該說什麼呢？我可以說，一條狗會有錢嗎？」她叫學生讀猶太史，讓她們知道猶太人是不許從事許多行業，唯一可做的是高利貸。即便如此，十二世紀也發生過英國國王賴債，限定猶太人在十月三十日以前離開英國，把欠猶太人的十字軍東征費用一筆勾消，並沒收他們的財產。她說只有感動才會改變。果然學生在體驗到加諸猶太人身上的種種不平等待遇後，改變了他們對猶太人的態度。

的確，只有感動才會有改變，我們的公民課能否也跳脫課本說教，從生活上的感動去著手呢？

從閱讀與體驗，學習察言觀色

我有一個學生在一所昂貴的私立學校教書，學校動用關係，請到一位科技大老來跟學生談二十一世紀的挑戰。在演講中，這位大老一再提醒大家要擺脫過去的教育思維，因為學生出社會所要用到的知識尚未發明，要從事的工作也尚未出現。他說未來的職業種類會超乎大家的想像，因此現在的教育要注重孩子的人文素養、人際關係和EQ，因為這些是機器人所不能做的。

這位老師聽了有點惶恐，因為她不知該怎麼教。她看到班上常常出國、見過很多世面的孩子說起話來也是一樣白目。她問：這種沒有教師手冊的東西該如何教？學生已經高二了，還來得及嗎？

俗語說：「世事洞明皆學問，人情練達即文章。」察顏觀色的能力要從小培養，孩子要從不同的人對同一句話的反應，來學習說話的藝術，還得用心去反思，才會得心應手。的確，在什麼場合、對什麼人，可以說什麼話是個高深的學問。

我們雖然可以教自閉症的孩子：說話時，眼睛要看著對方；要注意對方臉上的表情，但是我們無法教他如何說，才不會得罪人。孩子得從遊戲中去體會說話的輕重和拿捏的分寸，它需要觀察力和同理心。恰到好處的體貼是從經驗中體會，不是用嘴教的。

另一個方法便是大量的讀經典小說，透過好的小說來了解人性。一部小說會感動人必有它深刻描繪人心的地方。不論社會怎麼變，人性不會改變，因此閱讀小說可以學會識人、知人、用人和避人。

有位朋友是跨國公司的總裁，她事業很成功，但人生很坎坷。七歲時，母親因父親外遇而自殺。父親在母親死後不到三週，便把外遇娶進門。後母因內疚不想看到她，便經常虐待她。她十五歲時，父親再娶第二個後母（一個人若會見異思遷，因小三而忘記髮妻，自然也會為另一個小三而忘記續弦），只簡單的告訴她，明天放學後來吃我的喜酒。老師責怪她為何不早請假，她很無奈的說，我也是剛剛才知道。

她說禍福是相倚的，家庭的不幸使她早早學會察顏觀色，後母臉色一變，她就要立刻想出化解危機的法子，若化不成，就得逃命。這使她出社會後，懂得見機行事，換個方式把絕路走活。因為她使命必達，老闆漸漸把重要的工作交給她，升她為主管，最後她變成公司的總裁。

她也因小時候，後母不准她出去玩，只好在家中用閱讀來排解憂悶。她母親來自書香門第，四歲時就教會她認字了。所以她靠閱讀走出陰霾，也學會了人世間形形色色的人際關係。她說，中國小說中，《紅樓夢》教她最多，外國翻譯小說中，俄國小說對她啟發最大。

因此，要教孩子察顏觀色、進退應對，父母不妨常常帶孩子出去應酬或參加公益活動，讓他有機會觀察別人的反應。另外，盡量讓孩子參加童子軍、球隊，或其他有團體活動的社團，讓他從實際經驗中，因體會而感動，最後內化成自己的風度和涵養。

正向思考是謀定而後動，不是一廂情願

有位老師來信問：現在新教育在推正向思考、快樂學習。請問這有大腦神經機制上的證據嗎？我擔心一味鼓勵學生心想事成，只看正面，不去想失敗的可能性，會不會養成孩子有夢最美、不切實際的習慣？萬一泡泡破滅時，打擊更大？我一向教我的學生凡事未雨綢繆，晴天要想雨天時。《阿甘正傳》是電影，實際的人生不會這麼幸運。人若只往好處看，失敗時，連反彈的機會都沒有，因為不知道失敗在哪裡。您不覺得現在的學生已經太樂觀，變成一廂情願了嗎？

現在很多人，尤其是政客，的確是一廂情願的鼓吹願景，台灣很多的橋叫選舉橋，選舉時，浮出水面，選完了就沉下去了。這種是欺騙，不是正向思考。

正向思考跟一廂情願有根本上的不同，正向思考是務實的評估成敗機率，然後，選擇從積極面去爭取。也就是說，當做和不做，成敗的機率都是五〇%時，要去做，因為行動會打破平衡，機率就不一樣了。即使後來是失敗，至少試過了，心中比較沒有遺憾。人在臨終時，都不是後悔做了什麼，而是後悔沒有做什麼。

正向思考是謀定而後動，心想是個驅動力，還是要去做才有成果，蒙古有句諺語：「言語殺死的獵物搬不上馬，嘴巴殺死的獵物剝不了皮」，空想無用。

在大腦中，負責情緒的杏仁核和掌管理智的前額葉皮質是相互制衡的。當危險出現時，兩者各有各演化所付予的責任。例如爬山時看到草叢中有一條蛇，這個訊息會先送到杏仁核，再送到前額葉（前者的速度比後者快了一倍，以老鼠來說，到達杏仁核是十二毫秒，到前額葉是二十四毫秒），杏仁核一接到「有蛇」的訊息會馬上做出「逃」的指令，使你往後面跳，因為演化不會給你第二次機會。但是前額葉皮質一看原來是個枯樹枝，你就繼續往前走了。

了解了恐懼的基本歷程後，實驗者請受試者躺在核磁共振中，鈴聲響後二秒，手會受到電擊。配對幾次以後，鈴聲一響，腦中杏仁核就立刻活化起來，手心出冷汗、心跳加快，產生「逃命」的恐懼感覺。現在實驗者要受試者在鈴聲響後，馬上去想最快樂的事，如第一次和女朋友約會，同時掃瞄他的大腦。結果發現受試者腹內側前額葉皮質處活化起來，壓抑了杏仁核的活化，使恐懼的感覺減少，所以正向思考可以平衡掉負面的感覺。

一個人習慣了正向思考後，對逆境的反應會比較緩和，好像有了一個緩衝區。人生本來就不可能一帆風順，只要能想到解決的方式，危機可以變成轉機。因此，正向的思考的訓練是重要的，它可以抑制壓力荷爾蒙的分泌，保護免疫系統。至於快樂學習，這個觀念需要修正，學習是辛苦的，學會以後才是快樂的。

找到意義，才能學會珍惜

清明節時，朋友念大學的女兒不想去掃墓，跟父母爭辯說：人死了，什麼都不知道了，掃墓只是活人的贖罪意識，藉此補償自己在父母生前沒有好好盡孝的罪惡感。這句話激怒了朋友的先生，賞了她一巴掌。女兒跑進房間把門鎖了，父母無奈何，只好自己去。或許是母女連心，朋友心中不安，掃完墓，沒有跟族人聚餐，就急急趕回，一進門就發現女兒燒炭自殺，幸好救的早，沒有死。

朋友在電話中哭說：「現在的孩子是怎麼了？豐衣足食，除了念書，什麼事都不必做，卻還是動不動就要尋死，完全沒有想到父母白髮人送黑髮人的悲傷。」我想起前幾天，報登三個不到二十歲的年輕人去卡拉OK唱歌，唱完後，覺得心情還是不好，便相約去自殺。幸好旅館有人聞到煙味，報警破門，救了他們。

看到現在年輕人對生命態度的隨便，深覺教育部的生命教育緩不濟急，尤其訓委會叫學生簽不自殺切結書更是沒意義。美國賓州州立大學的研究發現青少年喝酒、嗑藥的原因是：(1)無聊(2)生命沒有意義(3)人生沒有目標。或許我們可以從這些原因著手，減少悲劇。

人一定要找到自己生命的意義才會珍惜生命。若是壯志未酬，怎麼會去尋死？灤州起義的熊朝霖在就義前說：「須知世界文明價，俱是英雄血換來。」現在的孩子認為他享受的一切都是理所當然，他應該有的，朋友的女兒不曾體會過生命的艱辛，不知道祖先篳路藍縷以啟山林的辛苦，便認為不必去祭祀。只是，我們要怎麼教孩子感恩、飲水思源呢？

曾野綾子說：「勞動是教孩子品德很好的方法，不流汗，不懂得吃苦，就不懂得珍惜。」一要讓孩子感恩，他們必須感到一絲一縷來之不易才行。我們小時候煮飯沒有煤氣，要燒煤球；夏天沒有冷氣，自己不唱歌就沒有音樂；每天要餵雞，做完家事才能去上學；去哪裡都是走路，全家一輛腳踏車，走不到的地方才可以用。那時也無法每天洗澡，洗澡得燒大鍋的水，兩人抬進浴室，大家輪流洗，絕對不是現在水龍頭一開，熱水就源源出來那麼方便。但是很奇怪，每天傍晚，看著夕陽西下，心中都有過完了一天的成就感。那時雖然不知道人生是為什麼，但是知道自己是有用的，生命就是為了生存，在求生存的過程中，我們流淚、流汗，反而找到了生命的目標和意義。

因此，現在要安排國中以上的孩子去做志工，讓他們從服務他人身上，看到自己的價值；也要從別人的匱乏上，看到自己的富足。教他們付出和得到是一樣的重要，服務也和財富一樣重要，享受權益的人一定要肩負責任，盡完義務後，才能享有自由，不可以坐享其成。

我跟朋友說，放手讓孩子出去外面磨練一下吧！人只有學會感恩，才懂得珍惜。

情緒的教導要及早

朋友告訴我，他公司的副總裁被炒魷魚了。我聽了好生驚訝，因為這個人很有才氣，能幹又有眼光，是不可多得的決策人才，只是脾氣不好，愛拍桌子，好幾個幹部被他罵走後，就投效敵方，跟公司打對台。大概公司受不了了，只好請他走路。

在AI時代，情緒智商（EQ）比以前更重要，因為機器人沒有感情，外表再像人，內心還是個電腦，軟體再怎麼進步，機器人還是不會流眼淚，你也不確定他替你擦眼淚的手是來自哪一個軟體的指令。所以在AI時代，人更需要人的關懷，情緒的控制比以前更重要。

大腦發育的研究發現情緒的教導要及早，寶寶六個月就要開始教了，若是拖延到五歲就太遲了。聯合國兒童基金會（UNICEF）認為幼兒園階段最重要的教導是情緒管理。

其實早在六〇年代，美國國家收銀機（National Cash Register）公司的總裁艾林（Stanley Allyn）就看到EQ在團隊中的重要性。他說「現在世界上最有用的人是那些懂得與別人相處之人，人際關係是人類生存最重要的科學」。的確，美國近代最受歡迎的總統是雷根，他很有幽默感。他在位八年其實沒有什麼政績，但是過世時，全世界人民都哀悼他。網路到現在還在流傳他被刺，送進醫院時，跟動刀的醫生說：「我希望你們都是共和黨員」。這種勇氣與幽默感是少有的，難怪人民喜歡他。

很可惜是我們台灣很不重視這種情緒管理，許多大學畢業生出社會工作了還是不懂應對進退，也不會控制自己的情緒。

最近有好幾篇論文在討論EQ的教學，它們多半從家庭、學校和社會三方面來討論，但是重點都放在家庭上。也就是說，父母的身教最重要，占孩子情緒發展的最高比例。因為模仿是最原始的學習，孩子是看在眼裡，記在心裡，很多日常生活的行為大人不必教，孩子自然會。所以大人的榜樣很重要，大人在遭受挫折時，若能維持情緒的穩定就能提供孩子一個安全的情緒環境。

研究發現孩子需要在安全的環境裡才能充分表達出他的情緒，如憤怒、失望、悲哀和傷痛。父母不但要教這些感覺的名字是什麼，還要教他如何用語言來表達出情感，告訴他哭是沒有用的，哭並不會使人了解他的委屈。但是因為幼兒還無法了解父母的意思，所以更好方式是透過親子共讀，用說故事的方式來教孩子如何表達情緒。

其實，在早期沒有繪本童書時，大人便是用說故事的方式，所謂「說別人故事，教自己孩子」來教我們處理情緒。比如對父母不可以頂嘴咆哮，不然天打雷劈，遇事先反求諸己，反思自己是不是有錯等等，孩子透過故事中人物的報應學會待人接物的方式。

在現代，父母若想維持親密的親子關係，請放下手機，拿起繪本，講故事給孩子聽，這會是你一生最好的投資報酬。

教育就在生活中

有個媽媽說，她覺得帶孩子最累的地方是陪他玩，因為「專家」說每天要陪孩子玩至少二十分鐘，她只好每天很無聊坐在地板上，跟孩子把球滾過來，滾過去，她是看著時鐘把這個責任完成的。我聽了啞然失笑，勉強做的事當然痛苦，只是她怎麼會這麼死腦筋，難道陪玩只能滾球嗎？

其實陪孩子是帶著他一起生活，讓他看你怎麼洗衣、擦地板、燒飯，晚上陪他閱讀，但不是一定要滾球，更不要去干涉他應該怎麼玩，只有自己去玩，他的想像力才會充分發揮。

我知道有個實驗是說大人陪著玩（guided play）學得比較快，但是那是指在大人引導下，孩子發現這個實驗背後要學的概念比自己玩時來得快。但是幼兒需要教概念嗎？概念的形成通常是大腦發育成熟後，水到渠成。透過引導，早點學會並沒有什麼好處，因為概念的重點是應用（apply），自己的發現才真正會應用。

歐美的父母帶孩子去公園玩時，都是大人坐在椅子上聊天，孩子在沙坑中自己玩，很少像中國的父母一樣「教」孩子怎麼玩。其實孩子要的是安全感。我們常看到孩子全神貫注在玩一個新玩具，但三不五時會叫一聲「媽！」如果母親應一聲「什麼事？」孩子就頭也不抬的繼續玩。因為他並不要你陪他玩，他只是要確定你在不在他旁邊而已。

真正的學習是無所不在的，這次去芬蘭開會，發現他們盡量讓孩子在戶外上課，尤其在森林裡學習。老師說，他們國家森林多，森林是他們的食衣父母，孩子一定要熟悉環境才能生存得好。他們不喜歡四面牆把孩子關在裡面，他們注重生活中的學習。老師說，風只要一吹，眼前景象就改變了，大自然每一分鐘都不一樣，孩子會從中訓練出敏銳的觀察力。

他們也不給孩子買昂貴的玩具，很多是廢物利用，因為他們要的是思考力和想像力，不在乎那個東西是什麼做的。例如他們把廢棄的光碟片用繩子串起來掛在玻璃窗旁，當陽光照進來時，閃爍的光點會投射到地板上，孩子們忙著在地上抓這些閃動的光點，玩得高興極了（這不就是最好的四肢運動嗎？）。大一點的兒童就會去搖光碟串，改變投射的地點，因為他們已經知道為什麼了，這些就是教育——在生活中，讓孩子自己發現大自然的法則。

遊戲時，因為情境的快速轉變，會大量增加大腦神經元的連接，尤其九個月大到三歲的階段是連接最快的時候，他們大腦中的突觸比我們多了五〇％。大腦在這同時也在做神經元的修剪，把沒有用到的神經元和突觸修剪掉。所以幼兒期的遊戲非常重要，影響他以後的學習和創造力。

給他安全的環境，隨他自由去發展就夠了，教養孩子自然就好，不必勉強，因為這會把養孩子的樂趣扼殺掉。

行不更名，坐不改姓

一個朋友半夜打電話來說Helen出車禍在醫院，我聽了很緊張，急忙問詳情。在對話中，覺得牛頭不對馬嘴，兜不起來，忍不住問她：你說的Helen是哪一個Helen？她一報中文名字，才知道此Helen非彼Helen。我有點惱火，為什麼好好的中文名字不叫，要叫英文名字呢？

在國外，那是無奈何，因為中文是聲調語言，四聲的差異若非從小聽，否則抓不準，尤其二聲和三聲，對外國人來說都一樣。中文的姓詹、姓張、姓曾、姓鄭，英文的拼法都相同，外國人念起來，真不知道他在叫誰。

我去留學時，有個同學叫金建昌，英文名字是「Ching, Chung-Chang」，老師點名時，看了半天，說「嗆嗆嗆」。

台大心理系有位很有名的教授葉怡玉，當年她申請到加州大學柏克萊的獎學金，去跟Hardyke教授念博士。她到了美國後，改變了主意，改去伊利諾大學念博士。Hardyke教授等不到學生來報到，又不知去哪裡找她，只好打電話到我辦公室問說：「你那個學生，那個學生，那個YYY到哪裡去了？」原來葉怡玉的英文名字是Yeh, Yei-Yu，他念不出來，情急之下，便說YYY了。所以在美國用英文名是權宜之計，但在台灣就不必了。

名字是父母取的，不論怎樣，我們都不會改掉父母給的名，很多人自己取字或號「以字行」。除非不得已，如《兒女英雄傳》中的安公子或十三妹，為了怕仇家追殺，只好改名換姓，不然中國人是「行不更名，坐不改姓」的。

現在台灣珍妮、瑪麗的大流行不知是否跟我們的國力不強，沒有民族自信心，大家看到洋大人就自動矮半截有關呢？

臨淵羨魚，不如退而結網

一位媽媽來信說，她帶孩子回鄉參加家族的聚會，看到妯娌的孩子都在玩「教育性」玩具，她的孩子沒有，她很難過。她問什麼是教育性玩具？跟普通玩具有什麼差別？

正巧這個時候，我的朋友來訪，她也是回鄉去看她的父母，在老家的角落裡找到一枚毽子，特地帶來給我，因為我們當年曾經代表學校參加過踢毽子比賽。

說起來，我們小時候玩的玩具全是教育性的，因為都是自己動手動腦創作出來的，而且玩法都符合現在流行的體能訓練。例如，一塊破磚頭，在地上畫出格子，大家便可以來玩跳房子，跳時雙腳分開跳、併攏跳，跳多遠絲毫錯不得，這就是體能訓練。

丟沙包的袋子是用廢布縫製的，訓練了我們用針線，丟時，一隻手拋，另一隻手撿起其他兩個沙包，完全是訓練眼手協調，跳繩的花樣百出，可以自己跳也可以團體跳，國際甚至有跳繩比賽；毽子上的雞毛是一個人抱住雞，一個人從家裡養的雞身上拔三根毛下來做的，踢毽子絕對是訓練協調和平衡的好運動，一隻腳站，另一隻腳抬起來踢，踢毽子的花樣很多，有前踢、後踢、翻身跳起來接踢，還可以大家圍成一圈，一個人在中央，輪流踢給其他的人，我覺得這種不花錢的運動才是真正符合兒童需求的玩具。

不知從什麼時候開始，這些自製的玩具消失了，替代的是五顏六色的塑膠玩具，孩子開始跟父母討錢去買來玩。制式玩具的玩法只有一種，孩子很快就厭倦了，又想買新的了。

早期的玩具還訓練我們一切靠自己，「不求人」，學會了一定先確定自己實在不能做了，才向別人開口。不像現在的孩子動不動就說：我不會，兩手一攤，希望別人代勞。

其實大人應該反思一下，一樣是人，為什麼我們小時候會，而他們現在不會？是不是我們從來不曾讓他們自己動手做過任何事？機器可以代勞，但停電機器不動時，人也要自己會做才行。我有個同學在紐約開餐館，有一天高朋滿座時，大廚走出廚房告訴他，除非加薪，不然「老子不幹了」（這五個字叫職場真言）。他受此刺激後，自己去學做菜，當大廚拿翹時，他西裝一脫，圍裙一穿，自己下廚。

他說：「凡是必須求人的事業都不會成功，要成功就必須自己有本事，不求人。」我聽了頗有感觸，現在社會很浮亂，若能從小處著手，教孩子不要什麼都用錢去買，自己學會做或許可以端正一些風氣。

現在環境汙染嚴重，我們應該盡量少用不能分解的塑膠，改用天然產品。父母與其花錢讓孩子去上感覺統合或大腦開發班，不如教孩子就地取材，自己做玩具，不但發揮他的創造力，而且訓練他自給自足的精神，教孩子靠自己，因為天下只有自己最可靠。

古人說：「臨淵羨魚，不如退而結網。」寄語那位母親，沒有什麼叫教育性的玩具，告訴他，未來操控在自己手上，不要羨慕別人，鼓勵孩子去創造別人沒有的玩具。

人生一定不完美，但可選擇不受苦

一位在耶魯大學念博士的學生很高興的來信說，她拿到助教獎學金了，因為這學期學校開了一門心理學與美好生活（Psychology and The Good Life）的課，有一千兩百名學生修課，開放了四倍的助教名額，她有錢念書了。

她的信令我有點吃驚，這表示這群能擠進頂尖大學的天之驕子，活得並不很快樂，為什麼呢？我想起去年有個學生在畢業典禮後，告訴我說，他現在要去追求幸福了。我告訴他，幸福若要去追的話，一定追不到，「佛在靈山莫遠求，靈山就在汝心頭」，他只有從內心去找，才找得到。

當中的關鍵，就在我們的人生觀。

著名詩人哈斯汀（Robert Hastings）有一首詩叫〈車站〉（The Station）：

一個人在火車上，一心一意只要快快到終點，對旅途的一切都不在意，心中想的是：等我存夠了錢以後、等我拿到博士學位以後、等我升到經理以後……，當他覺悟到根本沒有終點時，他已經走完了全程。這是一件很可悲的事，因為時光不能倒流，人生無法逆轉，旅途其實跟終點一樣重要，甚至更重要。

古人嘆人生，「舉世盡從忙裡老，誰人肯向死前休」，每個人小時候都急於長大，好擺脫父母和老師的控制，長大後，又哀嘆無憂無慮的童年逝去得太快；我們對未來焦慮不已，卻對手邊安穩的日子沒有感覺；我們在活的時候彷彿自己永遠不會死（所以每次叫學生寫，如果你還有一天可活，你會去做什麼時，每個人都茫然寫不出來），可是在安寧病房，都在後悔自己虛度了一生。

人生真是充滿了矛盾，但是這個矛盾其實是有解的，就是美國哲學家詹姆斯說的「改變心態，改變生命」，沒有一個地牢比心牢更幽暗，沒有一個獄卒比自己更嚴厲，是人使自己過不去，不是別人。所以要去讀有智慧的書，打開自己的胸襟，解脫無謂的煩惱。

我們的祖先說：「成事不說，遂事不諫，既往不究。」人不要替自己找麻煩。如果這是一個難以決定的選擇，那麼不管選什麼都是一個好的選擇，不要去後悔，因為選擇只是一個開始，圓滿的完成它才是目標。英國曾經有對結婚七十年的老夫婦，在記者問：在每五分鐘就有一對離婚的現在，你們如何能維持七十年的婚姻？老太太笑咪咪的回答說：在我們那個年代，東西壞掉了不是丟掉，而是把它修好（fix it）。

人的心態決定人的命運，一個大石頭，頂在頭上，你就滅頂，但是把它踏在腳下，你就冒出水面了。古希臘哲學家伊比鳩魯（Epicurus）說：「帶來痛苦不是事件本身，而是我們對事件的看法。」其實人生真的沒有十全十美，痛苦是必然的，但是要不要受苦卻是自己可以選擇。

在美國教書時，大一的通識課，我們會開弗蘭克的《活出意義來》（*Men's Searching for Meaning*）給學生念。他是納粹集中營的倖存者，他說所有的東西都可以被拿走，只有一樣不能，就是選擇權。不論在任何惡劣環境，人有選擇態度的自由。你可以選擇要做一個紳士或淑女，這個選擇權使你處於操之在己的上風。也就是說，不跟迫害者一般見識，狗對你叫，如果你也對他叫，人家不知道誰是狗。人若不心存抱怨，日子會容易過得多，悲傷和憤怒於事無補，反而會傷害身體的免疫系統使自己生病。

人總是在失去後，才懂得珍惜眼前的一切。難怪這門課會要求學生每天花五到十分鐘去冥想，睡覺前，記下五件值得感恩之事，它要讓學生明瞭，活在當下及心存感恩的重要性。現在點醒學生，比四十年後再後悔有意義的多。

你可以不要發脾氣

隨著天氣漸熱起來，最近吵架揮刀互砍的新聞也漸多起來。一位犯罪學的教授說，這種衝動型的暴力犯罪很多都是因為說話的技巧不當，觸怒了對方，一言不合，拔刀相向，因此學校應該教學生說話的藝術，因為溝通的技巧還會決定一個人事業的成敗。

他的話很對，但是溝通很難教，因為它是孩子從父母待人接物上，潛移默化得來的。《顏氏家訓》說：「教婦初來，教兒嬰孩，識人顏色，知人喜怒。」對別人情緒的敏感要從小去體會，長大才不會白目。

我的朋友就是不太知道如何跟孩子或下屬說話，平白給自己添了不少壓力。有一天，她在廁所裡，聽到同事在抱怨她是負向人格、只會挑毛病的上司……等等，令她很傷心，對工作也灰心起來。

其實糾正下屬不對的行為是主管的責任，她沒有錯，只是忠言是逆耳的，這世界上，李世民太少，魏徵太多，但是這不代表人就該用鄉愿濫好人的心態去做事。

有一個實驗闡明了說話褒貶次序的重要性，研究者請大學生把右手放進一盆冰水中，十秒後，手就開始感到痛了，但不可抽離，必須忍耐到六十秒。這時實驗者會馬上拿毛巾把他的手擦乾，讓他休息二分鐘後，再請他把左手放進同樣冰水中，這次在六十秒後，實驗者加熱水到水盆中，使水溫上升，再泡三十秒，才可以將手抽出，但是這時手已經不痛了。現在，實驗者要做第三次，問他們會選擇右手還是左手？結果發現大部分的學生選左手，因為手抽出來時的感覺是不痛的。

這顯示人對痛苦是善忘的。其實左右手都同樣泡了六十秒的冰水，愈早抽出愈不痛，但因左手留下的記憶是不痛，而右手是痛，所以再做一次時，人就選擇了左手。因此當下屬做錯事，要糾正他時，請先罵，因為他心中已知道自己犯錯，預期要挨罵了，這個預期可以減少痛苦。但是在罵完後，要教他如何改正，並找出他的優點，鼓勵他把長處發展出來。他在走出你的辦公室時，因為剛剛被罵的痛感已經消失了，而正向鼓勵的建議還在腦海裡，他會感激你的指導而不是憎恨你的挑毛病，雖然所講的話都是一樣，但前後次序對調後，人的感覺不一樣。

這一點為什麼很重要？因為工作上的壓力對我們的健康有負面的影響，尤其是別人對自己能力的否定。這是為什麼研究發現，離婚和失業對健康的打擊最大，若身體中有致癌的傾向（predisposition，即往上推三代，有直系親屬死於癌症），那麼在十八個月內，很多人會發展出癌症。只是人生不可能沒有壓力，沒有壓力的人生是沒有意義的人生。我們的對應方式是「操之在己」，也就是說，凡事爭取主控權，對操之不在己的事，只要盡了力，就不要在乎成敗。

很多時候，情緒的爆發是因為長期壓抑的關係，人對自己沒有信心，不敢說出自己的想法或感覺，壓抑久了像滾雪球，爆發出來就不可收拾。所以遇到事情不順時，先反求諸己，若自我檢討，錯不在我，那麼就要學會把不該承受的壓力放在一旁，不去理它，因為樹正不怕日影斜，根深不怕風搖動，對自己無能為力的事，不要浪費寶貴的精神和生命去煩惱它。

大自然使我們對跟生命有關的痛苦經驗一輩子不會忘記，它怕你一旦忘記了，重蹈覆轍，你的基因就傳不下去了。但是跟生命無關、日常生活中的小不愉快，演化使你很快就忘記，因為心情好跟健康有關。

跟別人溝通很重要，但使自己有正確的心態也很重要，美國哲學家詹姆斯說得好：「改變心態，就改變生命。」對自己沒有主控權的事情，改變心態，不隨人起舞，就發不起脾氣了。

失禮不能當率真！

台灣少子化的情況愈來愈嚴重，不僅小學關閉，中學招不到學生，連大學也恐慌起來，因為沒有學生就不需要老師，那麼過去費盡心血拿到的教授證就沒有用了（在美國升到副教授後就有終身教書〔Tenure〕的保證。海裡有種動物叫海鞘，牠原有大腦，但是一旦找到地方安定下來後，就把牠的大腦吃掉，因為不再需要了。常有調皮的學生把海鞘圖貼在剛拿到Tenure教授的門上），所以每個學校都很努力去招募新生，連國立大學也不例外。其中研究所受到的衝擊最大，因為收不到學生，連實驗都沒人做了。因此，現在老師還得替學生找工作，只有畢業生有工作，新生才願意進來讀。

我的朋友說，他有個學生成績不錯，就是找不到工作，每次面試後就沒有下文了。他知道我與某公司的人事室主任熟識（是我以前鄰居的女兒），便央求我有機會時，替他問問為什麼？

不久，鄰居嫁女兒，這個主任的妹妹要結婚了，我就抽空去喝喜酒，受人之託要忠人之事。

想不到主任一聽他名字，眉頭皺了起來，告訴我，這個學生筆試第一名，因此總經理親自面試。總經理很珍惜時間，不願年輕人舟車勞頓，而且能力已經確定了，只要應對得體，這工作就是他的了。所以用電話面試。她是人事主任，也在分機上聽。只聽見這個孩子嘴裡一邊咀嚼食物，一邊接電話。總經理有點不爽，就故意說這電話收訊不好，聽不清楚。這學生不懂暗示，竟然建議「那你換另一邊耳朵試試」（人的語言中心在左腦，大部分人左腦聽得比右腦清楚一點，所以人習慣用右耳聽電話，連左撇子也是一樣，因為大部分左撇子的語言中心仍在左邊，雖然他的右腦比較發達），總經理不高興，很快就把談話結束了，跟她說：連重要場合都不懂得禮貌，以後怎能代表公司出去接待客人和談生意？

我聽了默然，現在很多學生不懂周公為什麼要一飯三吐哺。嘴裡有東西，講話不清楚，這是表示對他人的不尊重，極不禮貌的。

我們一再告誡學生：品德決定命運，習慣決定機會，當眾剔牙、摳鼻孔這些生活上的小事會使到手的機會流失，能力再強別人也不要，像這個學生一樣。

以前家長重視家教，教孩子坐有坐相，站有站相，尤其女孩子坐時，雙膝要緊閉。我在大學教書，上課時常要說：第一排穿迷你裙的女生請你把腿併攏坐，不要讓老師看見你的內褲。我是女老師，如果我的眼睛都沒地方放，男老師上課該如何？

佛門訓練出家人「行如風，坐如鐘，臥如弓，立如松」，走出去要有威嚴，其實這是任何一個有教養的人都該有的儀態。現在社會開放，不再講究這些基本的禮節，但是我很想問，什麼時候，我們的年輕人把粗鄙當豪情，無知當樸素，失禮當率真，低俗當可愛了呢？

少說一個字竟殺生又飛錯國

一個朋友向來是省話一哥，如果一個字可以表達他的意思，他絕對不會用二個字。他的理論是言多必失，人在說話時，進入大腦的氧只有原來的二四%，大腦缺氧，神經細胞會死亡，考慮不周時，講出來的話會得罪人，得罪了君子還好，得罪了小人是明槍易躲，暗箭難防，划不來，而且依照中醫的說法，說話是傷元氣的，所以畢業後，他選擇去做研究，動物實驗室通常在地下室，沒有事，不會有人來串門子，老鼠不會說話，不會有是非。所以多年來，我們都習慣了他的單字對話。

前幾天，我有事去找他，突然發現他話變多了，而且一句話會重複二遍。我好奇問他：你現在為什麼不怕進來的氧只有二四%，讓腦神經細胞死亡了呢？他嘆了一口氣說：少講一句話所造的孽，下輩子都還不完，予豈好辯哉，予不得已呀！

原來他的助理來問他做完實驗的老鼠要怎麼處理？他沒聽清楚，問了一句「啥？」助理聽成「殺」，就把老鼠送到隔壁做血清的實驗室去餵蛇了。他知道以後，很難過，但是已經來不及了。他雖然用動物做實驗，卻很感恩動物，他認為這些動物是為人類的福祉犧牲的，所以用安樂死，並且為牠們念往生咒、大悲咒，希望牠們下一輩子不要再投胎做老鼠。他現在話會說兩遍，還叫助理重複一次回來給他聽，寧可多話，不要少講。

我聽了，想起這次去耶魯大學開會時，一位在芝加哥大學教書的朋友告訴我的事（他發誓是真的）：他的同事受邀去西班牙的格拉那達（Granada）開會，他很高興能在這種水管都凍裂的冬天去到西班牙曬太陽，便立刻吩咐祕書訂機票去格拉那達。大牌教授都很忙，他沒有時間先看機票，要搭機的那天早上，他從祕書手上接過機票，便興奮的直奔芝加哥機場。在check-in時，他發現這班飛機要停邁阿密，覺得有點奇怪，便問櫃檯：「這是去格拉那達的班機嗎？」櫃檯說是。他便去貴賓室吃早餐，又在飛機上看了兩場電影，到邁阿密轉機時，發現是架小飛機，他覺得這麼小的飛機油箱怎麼夠飛越大西洋呢？他又問：「這班飛機是去格拉那達的嗎？」

當他再次得到肯定的答案後，便放心的上機了。二小時後飛機落地，他到了格拉那達，但是不是西班牙的格拉那達，而是波多黎各的格拉那達。他不只去錯了國家，還跑錯了半球，跑到南半球去了。他很生氣，但是無法怪罪別人，只能怪自己少說了一個字——西班牙。（曾有個美國人要來台灣的桃園，卻飛去了山西的太原，因為美國的旅行社搞不清中國城市的拼音和地理位置，而他自己也不知道這兩個地方有差別）

我終於了解為什麼我母親總是說「寧可多，不要少」了，雖然很多父母都知道子女嫌自己嘮叨，但是話少會出錯，權衡之下，父母只好不停的交代了，其實，誰又愛嘮叨呢？還不是不得已的呀！

ＡＩ時代，人文素養更重要

三月底，我去舊金山開認知神經學年會，因為臉書、谷歌、蘋果等大公司都在舊金山灣區，而且ＡＩ模擬的是人腦運作，深度學習其實就是人類嬰兒學習語言的方式（即沒有人教，自己從錯誤中修正而習得），所以不少研究神經網路的學生都來參加。他們去聽各場演講，找到跟自己領域相近的教授，跟他談實驗，表現出對研究的熱忱，很多時候，只要教授手上有研究助理的缺，近水樓台是可以先得月的。

我在會場聽到幾個學生在交換面談的經驗，一個說：今天運氣很好，跟二個教授談得很愉快，一個甚至約我明天中午一起去吃飯。另一個較有經驗的說：去吃飯要小心不要講錯話，他會問你很多跟研究無關的問題，表面上是聊聊，實際上是看你有沒有種族偏見、容不容易和人相處。又一個人說：問這些幹嘛？我們是搞學術的，又不是來搞關係的。我在旁聽了暗想，有關係的啊。一九八九年我還在加州大學時，醫學院的學生在面試就被問：柏林圍牆倒了，你的看法是怎樣？人文素養一直很重要，只是我們不重視而已。

在AI時代，EQ和跨領域的知識更重要，尤其創造力不可能憑空而降，它通常是在一個領域精熟之後，觸類旁通，把它應用到另一領域，產生新的概念或產品出來。所以現在的面試不但要當場在白板上寫程式，還會問其他生活上的問題。

又因為創造力是人類勝過機器人的地方，大家都希望找到有創意的人，所以會問一些沒有正確答案，純想像力方面的問題。例如：如果舊金山大火，你會怎麼疏散幾百萬的居民？

回答者心中先要知道舊金山有幾座橋、幾條公路，才能規劃出城的路線……。難怪李開復說在AI時代，閱讀比以前更重要，因為只有閱讀可以快速且廣泛的增加各種知識，從而增加想像力和解決問題的能力，畢竟太陽底下沒有新鮮事，已有之事必再有，已行之事必再行。

至於人際關係，一個爛蘋果可以拖垮整個團隊，現在資訊翻新得太快，必須靠集體智慧，一個人是成不了氣候的。若是不幸找了個固執己見、不能接受別人意見的人進來，成事不足，敗事有餘更糟糕。

有一個笑話：兩個在ＡＩ領域工作的人在酒吧聊天，一個說：喬治來面試時，正是我們人手不夠的時候，那時狗若會說話，我們都會錄用狗，現在我們後悔應該錄用狗。所以團隊合作的精神是二十一世紀的必要條件，跟這個有關的問題都會問的。

現在學生聽說讀寫的基本能力比以前更重要，因為他們就業時的知識還未發明，要從事的工作還未出現，他們必須有學新知的能力才能生存競爭——能聽，才能溝通；能說，別人才懂；能讀，吸收得才快；能寫，才能交換智慧。

人類有今天的文明，完全在於我們比其他動物多了文字的傳承和閱讀的能力。不要以為會寫程式就好，程式背後的人文素養才是創意的靈魂，程式只是工具而已。

站在前人肩膀上看世界

要選舉了，許多僑居海外的同學都回來投票，大家趁這個機會開了個同學會。在席間，幾位在美教書的同學（美國過了六十五歲仍能教書，不像台灣強迫退休）感嘆台灣去中國化把自己的強項拱手讓人，又因為一直更改歷史課綱，台灣學生很少能從世界整體的角度去看時事，常常以偏概全，從自己的觀點去批判別人。不知而不藏拙，很不智。

我想起在陽明大學教書時，有一天，一個學生氣勢洶洶的來問我：「王陽明有什麼了不起，為什麼在沒有孔子大學之前，先成立陽明大學？」那個口氣像是找到了學校的把柄來問罪的。我問他：「你怎麼知道王陽明這個名字的？」他說：「歷史課本上說的。」「他做了什麼事使你看不起他？」他說不知道。如果不知道，憑什麼去否定王陽明？這是什麼態度呢？

所有的課本都不可能囊括一切，它主要是點出重點，指導學生去讀有關的資料。王陽明在寧王宸濠造反時，任都察御史，他聽說宸濠反了，便起兵勤王（王陽明少年時熟讀兵書，不然一個文人起得了兵嗎？）。寧王派人追殺他，他換上便服，躲在漁舟中，另使人穿上他的衣冠坐在船上，用金蟬脫殼計逃到臨江。他知道如果宸濠北上，直取京師，那就完了，因為明朝積弱，不堪一擊，所以他用反間計，假稱朝廷已知宸濠將反，已在各路要害埋下了伏兵，又將這道假密旨縫在優人（演員）的衣服裡，故意讓他們被宸濠捉到，把這個假消息傳出去。寧王果然不北上，先打安慶。

王陽明一方面部署兵力，一方面把他的官署堆上柴火，表示以身殉國。主帥如此，將士自然用命，所以他能以寡敵眾，生擒寧王。「致良知」更使他成為中國的大思想家。他允文允武，為什麼不該在歷史上留名？學生閱歷不夠，卻自以為是，很令人憂心。

對學生的無國際觀，很多人認為要加強跟國外的交流，但在交流前，先要充實自己的知識，使能言之有物，不知己，怎能知彼？有學生花大錢去到梵蒂岡的西斯汀（Sistine）教堂，卻掉頭就走，嘴裡說，又是教堂！不知道裡面有米開朗基羅的名畫。年輕人尤其需要多讀偉人傳記，學習他們的風骨，清末名臣彭玉麟的傳記就很值得讀。

彭玉麟是曾國藩手下的大將，主管長江水師，同治三年洪楊之亂時，他攻克鍾山，解了江陵之危，皇帝封他太子少保，他上疏請辭說：「嘗聞士大夫出處進退，關係風俗之盛衰。臣之從戎，志滅賊也，賊已滅而不歸，近於貪位，長江既設提鎮，責有攸司，臣猶在軍，近於戀權；夫天下之亂，不在盜賊之未平，而在士大夫之進無禮，退無義……。」他的傳記在當今政治情況中讀起來，能不感慨乎？

現在知識的取得這麼方便，我們應該想辦法啟動學生自我學習的動機，多讀書，多從書中學習先聖先賢的榜樣，才不會一張口，便貽笑大方。

讓文化更貼近我們的生活

最近去重慶演講，學校安排我住在附近環境相當清幽的一家旅館，我很驚訝的發現房間內竟有一本老子的《道德經》。《道德經》一般不會是旅館提供給客人晚上無聊時看的書，我以前雖然有讀過，但不是全部，我拿起來看了一晚，未看完，第二天離去時，問老闆可否帶走？他說：就是要給客人帶走才印了五千本，大小正好放在口袋，給旅人讀的。我聽了異常高興，便拿了一本放在口袋。

正巧重慶飛南京的飛機延誤兩個半小時，我就利用這時間把《道德經》看完了。沒想到揚州住的旅館給的是《禮記》，我這下真的吃驚了，《禮記》更是我沒看過的古籍，當同行的人去逛街時，我選擇留在旅館讀《禮記》，讀的津津有味，才知道原來它如此的貼近日常生活，跟我們想像的不一樣。

到了蘇州後，蘇州下雨不能遊網師園，大家正感到失望時，校方來說，晚上的夜遊照常舉行，還有八個表演可看。我半信半疑的跟了去，果然網師園的每一個廳堂都安排了古箏吹簫，甚至還有彩帶舞，最好看的是崑曲中的〈遊園〉，「良辰美景奈何天，賞心樂事誰家院」，看完出來，隔著水池再看對岸演〈驚夢〉，真是看呆了，大陸在發揮中華傳統文化上真是很用心。

想到外國人來台灣除了故宮、士林夜市便沒有東西看了，若是我們能在二廳院安排京戲、歌仔戲，介紹中華文化的精華該有多好呢？學音樂戲劇的學生也可有個打工賺外快的機會，一般人能更深入的了解中華文化，要賺觀光客的錢不難，動動腦筋，遍地都是文化的寶啊！

典範存在的必要

前幾天，旅居海外的小學同學傳了一個台灣南部某高職上課的影像回來，問我們在台灣的同學：這是真的嗎？為什麼上課會有學生趴在桌上睡覺，老師不管嗎？為什麼學生敢丟東西打老師，還一路追打老師到門口？片中聽到台語「靠么」聲不斷，台灣現在上課真的是這樣嗎？

一位曾任中學老師的同學在群組中回應說：「是的，呆丸（台灣）現在的學生比老師大，在台灣的課堂中，你得習慣聽這些三字經。」另一位同學說：「這是新的台灣四不一沒有，士兵不會打戰，學生不會念書，企業不會加薪，政府不會做事，官員沒有廉恥。」美國的同學收到後，回了一個目瞪口呆的貼圖，表示不能相信。豈止他們不能相信，我們自己在島內也不能相信，為什麼教育的品質會墮落到這個地步？

鄭貞銘在《百年風雲》一書中說，現在學生「行為平庸，因為思想空白；思想空白，因為典範太少。」真是一針見血，點出現在在台灣教育的問題。

典範為什麼重要？因為模仿是天性，一個出生四十分鐘，還未抱回家的嬰兒，看到實驗者對他吐舌頭、做鬼臉，他就會跟著做了。這個實驗在一九七七年時人們不相信，因為當時認為嬰兒是張白紙，沒有人教他，怎麼會？過了二十年，義大利的神經學家在猴子的大腦裡，發現了鏡像神經元：一隻猴子伸手拿東西吃，牠大腦運動皮質區控管手的地方活化了起來；另外一隻沒得吃，只在旁邊觀看的猴子，牠大腦中運動皮質區掌管手指頭動作的地方也同樣活化起來，原來模仿是天性，「見人吃飯喉嚨癢」是真的，行為即使不在表面顯露出來，在大腦裡，也動用到同樣的神經組織。因此典範很重要，它是在不知不覺中塑造我們的行為。孟母必須要三遷，父母必須要以身作則，因為孩子是有樣學樣的。

所以從小給孩子好的典範去模仿，他的品性自然會好，所謂「蓬生麻中，不扶自直」。但是放眼現在的社會，政府帶頭毀約，出爾反爾、言而無信，人民每天生活在抗爭、族群分裂中。課綱的更改又把一些可以給學生做典範的文章給刪去了，學生心目中沒有可模仿的人，他們平日接觸到的全是奇裝異服的歌星藝人。學生不了解藝人需要曝光率，必須嘩眾取寵，那種誇張的行為不是正常過日子的行為。當太陽花學生攻進立法院翻箱倒櫃可以沒有事時，學生自然有樣學樣，在教室裡學立法委員跳上桌子打老師了。

現在的學生不知道什麼叫典範，我請學生上網去查，想不到查出來的竟全是典範股票、典範公司、典範商業……。南部這所高職上課情形只是冰山一角，學校普遍瀰漫著學習無用論，既然無用，能怪孩子不想上課嗎？

以台灣目前這種上下交相亂的情形，哪裡需要大陸文攻武嚇呢？我們自己就把自己玩完了。學生一定要尊重老師，老師講的話他才會聽，尊師重道不是八股，它是立國的根本！

國家圖書館出版品預行編目(CIP)資料

什麼才是人生最值得的事 / 洪蘭著. -- 初版.
-- 臺北市 : 遠見天下文化, 2020.01
面 ; 公分. -- (BBP464)
ISBN 978-986-479-921-3 (平裝)

1.人生哲學 2.修身

191.9 108022940

心理勵志 BBP464

什麼才是人生最值得的事

作　者 — 洪蘭

總編輯 — 吳佩穎
副主編暨責任編輯 — 陳珮真
校對協力 — 郭芳萍
封面設計 — 張議文

出版者 — 遠見天下文化出版股份有限公司
創辦人 — 高希均、王力行
遠見．天下文化 事業群榮譽董事長 — 高希均
遠見．天下文化 事業群董事長 — 王力行
天下文化社長 — 林天來
國際事務開發部兼版權中心總監 — 潘欣
法律顧問 — 理律法律事務所陳長文律師
著作權顧問 — 魏啟翔律師
社址 — 臺北市 104 松江路 93 巷 1 號
讀者服務專線 — 02-2662-0012 ｜傳真 — 02-2662-0007；02-2662-0009
電子郵件信箱 — cwpc@cwgv.com.tw
直接郵撥帳號 — 1326703-6 號　遠見天下文化出版股份有限公司

電腦排版 — 極翔企業有限公司
製版廠 — 中原造像股份有限公司
印刷廠 — 中原造像股份有限公司
裝訂廠 — 中原造像股份有限公司
登記證 — 局版台業字第 2517 號
總經銷 — 大和書報圖書股份有限公司　電話 — 02-8990-2588
出版日期 — 2020 年 1 月 16 日第一版第一次印行
2024 年 1 月 9 日第二版第六次印行

定價 — NT 400 元
ISBN — 978-986-479-921-3
書號 — BBP464
天下文化官網 — bookzone.cwgv.com.tw